introdução ao direito penal e à criminologia

O selo DIALÓGICA da Editora InterSaberes faz referência às publicações que privilegiam uma linguagem na qual o autor dialoga com o leitor por meio de recursos textuais e visuais, o que torna o conteúdo muito mais dinâmico. São livros que criam um ambiente de interação com o leitor – seu universo cultural, social e de elaboração de conhecimentos –, possibilitando um real processo de interlocução para que a comunicação se efetive.

introdução ao direito penal e à criminologia

Carlos Roberto Bacila

EDITORA intersaberes

Rua Clara Vendramin, 58 . Mossunguê
CEP 81200-170 . Curitiba . PR . Brasil
Fone: (41) 2106-4170
www.intersaberes.com
editora@editoraintersaberes.com.br

- Conselho editorial
  Dr. Ivo José Both (presidente)
  Dr.ª Elena Godoy
  Dr. Nelson Luís Dias
  Dr. Neri dos Santos
  Dr. Ulf Gregor Baranow
- Editora-chefe
  Lindsay Azambuja
- Supervisora editorial
  Ariadne Nunes Wenger
- Analista editorial
  Ariel Martins
- Projeto gráfico
  Raphael Bernadelli
- Capa
  Newton Cesar (*design*)
  ziviani/Zamurovic Photography/
  Spectral-Design/Dark Moon Pictures/
  Shutterstock (imagem)
- Iconografia
  Regina Claudia Cruz Prestes

Dados Internacionais de Catalogação na Publicação (CIP)
(Câmara Brasileira do Livro, SP, Brasil)

Bacila, Carlos Roberto
  Introdução ao direito penal e à criminologia/ Carlos Roberto Bacila. Curitiba: InterSaberes, 2016.

  Bibliografia.
  ISBN 978-85-5972-116-4

  1. Crimes (Direito penal) 2. Direito penal 3. Direito penal – Brasil I. Título.

16-05154   CDU-343.232(81)

  Índices para catálogo sistemático:
1. Brasil: Crimes: Direito penal 343.232(81)

1ª edição, 2016

Foi feito o depósito legal.
Informamos que é de inteira responsabilidade do autor a emissão de conceitos.

Nenhuma parte desta publicação poderá ser reproduzida por qualquer meio ou forma sem a prévia autorização da Editora InterSaberes.

A violação dos direitos autorais é crime estabelecido na Lei n. 9.610/1998 e punido pelo art. 184 do Código Penal.

apresentação 9

Capítulo 1 **Criminologia ou sociologia do crime - 13**

1.1 Sociologia - 13
1.2 Criminologia - 14
1.3 Teorias da criminologia - 19

Capítulo 2 **Relações entre direito e sociedade - 39**

Capítulo 3 **Problemas da legislação penal atual - 43**

3.1 Princípio da subsidiariedade - 43
3.2 Princípio do caráter fragmentário da norma penal - 44
3.3 Princípio da lesividade do delito - 44
3.4 Principais problemas da legislação penal atual - 45

Capítulo 4 **Fenômeno da estratificação social no sistema jurídico - 51**

Capítulo 5 **Transformações produzidas pelo fenômeno da globalização econômica sobre o direito - 55**

Capítulo 6 **Introdução crítica ao direito penal brasileiro - 63**

6.1 Direito penal: crítica introdutória - 63
6.2 Conceito, características e princípios do direito penal - 65
6.3 Finalidade e fontes do direito penal - 67
6.4 Direito penal objetivo e direito penal subjetivo - 67
6.5 Método científico - 68
6.6 Relações do direito penal com as principais disciplinas - 68
6.7 A norma e a lei penal - 70
6.8 Lei penal no tempo - 73
6.9 Resolução de conflito aparente de normas - 76

Capítulo 7 **Teoria geral do crime – tipicidade, ilicitude e culpabilidade - 79**

7.1 Crime - 79
7.2 Ação - 82

	7.3	Relação de causalidade - 86
	7.4	Tipo - 87
	7.5	Antijuridicidade - 107
	7.6	Culpabilidade - 117

Capítulo 8 **Exame das teorias da pena, suas espécies e sua aplicação - 129**

- 8.1 Punibilidade - 129
- 8.2 Termos básicos - 136
- 8.3 Conceito de pena - 137
- 8.4 Fundamentos e finalidades da pena - 138
- 8.5 Princípios ou características das penas - 143
- 8.6 Espécies e regimes de penas - 146
- 8.7 Concurso de crimes - 156

Capítulo 9 **Medidas de segurança - 161**

- 9.1 Prazo de aplicação da medida de segurança - 162

considerações finais 163

referências 165

sobre o autor 173

Em julho de 2015, na Universidade de Göttingen, na Alemanha, quando da participação em um seminário sobre crime organizado, ouvimos atentamente a explanação do professor Eugenio Raúl Zaffaroni, na qual ele manifestou a necessidade de a América Latina pensar seriamente em uma criminologia e em um sistema penal próprios, voltados para suas características de humanidade, respeito às pessoas e estabelecimento de limites para o poder estatal.

Efetivamente, temos a prática de adotar integralmente teorias estrangeiras sem a completa compreensão de sua correção ou de suas consequências. No passado, a doutrina brasileira absorveu integralmente as ideias de Cesare Lombroso e, agora, precisa digerir toda a gama de estigmas que derivou de seus postulados. Criticar Lombroso parece ser desnecessário, de tão desumano que foi esse autor, mas, como ainda há pessoas reticentes em reconhecer o caráter sombrio e preconceituoso de seu pensamento, sempre é bom lembrarmos que Lombroso e seus discípulos se referiam a aspectos puramente físicos para "identificar" o criminoso, tais como cor da pele, espécie de cabelo, aparência e aspectos ósseos. O resultado foi este: discriminação de negros, latinos, asiáticos, indígenas, pobres, desnutridos e tantos outros grupos que não se encaixavam no seu modelo de "centro-europeu". Esse seria, sem dúvida, o exemplo mais

apresentação

marcante, porém não o único. Ironicamente, as ideias de Lombroso foram utilizadas pelo nazismo para prender e matar todas as pessoas que não eram aceitas por aquele regime de segregação; contudo, Lombroso não podia ser citado, pois ele era... judeu. De qualquer forma, o resultado disso foi a morte de mais de 6 milhões de pessoas nos campos de concentração e extermínio.

Comumente há o erro de adotar uma teoria econômica ou política para explicar o crime. Liberais, anarquistas, fascistas ou marxistas tentam abranger a esfera da criminalidade para colocar em disputa suas correntes doutrinárias e seus modelos econômicos, políticos e sociais. É evidente que uma superexplicação sobre o crime é fadada ao desastre. Ressaltamos que não se questiona a importância das teorias econômicas e políticas, pois, afinal, mesmo na área da política criminal, elas trouxeram muitas contribuições. Entretanto, não existe uma fórmula única para explicar o delito. As teorias que procuraram encontrar a causa do delito em si, até os tempos atuais, fracassaram porque se basearam em dados da criminalidade aparente, em informações das estatísticas oficiais, sem levar em consideração a expressiva cifra oculta de crimes que ocorrem nas ruas, nas casas, nas empresas e nos gabinetes públicos. Muitos sociólogos admitem que, para estudar a criminalidade, é preciso não se concentrar na criminalização do estereótipo e ver a sociedade como um todo. Por outro lado, também é preciso atentar para as pesquisas de campo, investigar de forma ampla a infiltração do crime na sociedade e verificar, assim, os fatores que podem explicar cada espécie de delito ou de reação social a ele, bem como os fatores que levam à seleção de pessoas estigmatizadas para a criminalização.

Nesse sentido, apresentamos, nesta obra, nossa modesta contribuição para a criminologia, consistente na **tese dos estigmas como metarregras**, na qual realizamos um amplo estudo sobre os preconceitos de todas as naturezas (racial, econômica, religiosa, de gênero etc.) e suas influências no sistema penal*.

---

* O tema está exposto, desde as raízes dos preconceitos ou estigmas até suas consequências sutis mais atuais, em nosso livro *Criminologia e estigmas: um estudo sobre os preconceitos* (Bacila, 2015b).

Recebemos a missão de escrever uma obra didática e, ao mesmo tempo, que permita reflexões sobre os temas relacionados à criminologia, ao direito penal e à política criminal. Não é uma tarefa fácil, mas preferimos a simplicidade à arrogância, o conceito objetivo às divagações sem fim, a franqueza e a praticidade às escravidões ideológicas autoritárias e ao sectarismo. Este escrito visa possibilitar a você, caro leitor, um acesso rápido a conceitos consolidados; contudo, são temas que requerem conhecimento e reflexão. Afinal, para sermos capazes de apresentar novas ideias na área criminal – conforme o pensamento exposto de Zaffaroni –, precisamos, antes, conhecer as ideias fundamentais que influenciaram e ainda influenciam a criminologia e o direito penal. Um passo de cada vez, portanto.

Desse modo, adotamos a sistemática de resumir as principais ideias do direito penal e da criminologia no formato que nos foi proposto, apontando, dentro do espaço possível, os pontos críticos de cada sistema. Nosso objetivo consiste em ir direto ao ponto, sem rodeios, mas, sempre que possível, apresentando a possibilidade de criação do direito penal e da criminologia. À medida que você, leitor, for se familiarizando com os conceitos e temas da área específica de que tratamos aqui, naturalmente a leitura de livros que trazem mais detalhes e aprofundamento ocorrerá com mais facilidade e proveito.

A título de sugestão de leitura posterior a esta obra, recomendamos, no âmbito do direito penal, o livro *Teoria da imputação objetiva no direito penal* (Bacila, 2011). Para aprimoramento no campo da criminologia, nossa sugestão é a leitura da obra *Criminologia e estigmas: um estudo sobre os preconceitos* (Bacila, 2015b). Finalmente, para o preparo didático, tanto no magistério quanto na elaboração de trabalhos jurídicos e outros, bem como para o aprendizado de métodos de estudo, sugerimos a obra *Nos bastidores da sala de aula* (Bacila, 2014).

Esperamos que você aprecie a leitura e amplie seus conhecimentos e reflexões. É o que deseja, sinceramente, o autor.

Inicialmente, antes de adentrarmos o campo da sociologia jurídica, vamos realizar uma análise geral de uma ciência que lhe é afim, a sociologia. Na sequência, dentro do campo da criminologia, vamos examinar os principais aspectos e teorias dessa importante disciplina jurídica.

1.1 Sociologia

Para Pontes de Miranda (1980, p. 1), a sociologia é "a ciência que estuda os fatos sociais, isto é, aqueles fatos que concernem à vida em comum, repetíveis no tempo e no espaço, decorrentes ou semelhantes".

A sociologia estuda as **relações sociais** e a **sociedade** como um todo. Enquanto o direito tem como objeto o "dever ser", isto é, o estudo das normas e dos princípios jurídicos, a sociologia estuda a sociedade sob a ótica do **ser**.

Segundo Émile Durkheim (2001), a sociologia deveria ser estudada da forma mais objetiva possível, sem preconceitos. Apesar disso, muitos estudiosos deixam-se influenciar por conceitos prévios para realizar suas análises sociais. Esses "pré-conceitos" influenciam na avaliação correta dos problemas sociais.

Nesse sentido, veremos a influência da **linguagem** no estudo da criminologia e do direito penal, especialmente na tese que desenvolvemos acerca dos **estigmas como metarregras**.

Conforme foi bem acentuado por Francisco Bissoli Filho (2011, p. 50), "a linguagem é objeto de estudo de várias ciências ou disciplinas, entre as quais está a Semiótica, que considera o signo como o polo central dos estudos da linguagem. O signo é conceituado por Peirce como 'aquilo que, sob certo aspecto ou modo, representa algo para alguém'".

Assim, não há como negar que a linguagem exerce enorme influência na caracterização do delito. Porém, o crime não é apenas uma atribuição linguística, mas também um fato real que afeta a vida de pessoas reais.

1.2 Criminologia

Felizmente, o modelo de criminologia desenvolvido por Cesare Lombroso (2001) e Eurico Ferri (2002) cedeu espaço para as ideias de caráter científico e sem conteúdo racista de Edwin Sutherland (1949), Howard Becker (1973) e Erving Goffman (1999).

Somente para citarmos um exemplo, Lombroso acreditava que pessoas afrodescendentes ou asiáticas eram propensas ao crime. Com o passar do tempo, constatou-se o equívoco desse pensamento. Podemos compará-lo com a realidade das pessoas que tinham alguma doença mental na Idade Média e eram tratadas como se fossem possuídas pelo demônio, em vez de receber um tratamento psiquiátrico.

Na verdade, os afrodescendentes sofriam – e sofrem até hoje – com um tratamento severo e rigoroso, com perseguições sistemáticas e a crença de que poderiam delinquir a qualquer momento, o que decorre do **estigma da raça**.

Mesmo na época de Lombroso (século XIX) já apareciam contestações à sua teoria, como foi o caso de Alejandro Lacassagne, segundo o qual o indivíduo é um "micróbio inofensivo", tornando-se um criminoso somente quando entra em contato com um ambiente propício (Elbert, 2003, p. 54). Nesse sentido, Gabriel Tarde afirmou: "Todo mundo é culpado, exceto o criminoso" (Tarde, citado por Elbert, 2003, p. 54).

A partir de Lombroso, desenvolveu-se o que ficou conhecido como *criminologia clínica*.

Conceitos e escolas

A criminologia é a disciplina que estuda o crime sob o **aspecto social**, e não exclusivamente jurídico. Analisam-se a história, os movimentos culturais alternativos, as influências políticas, culturais e exteriores às questões puramente normativas. Podemos resumir a ideia geral da disciplina como a **sociologia do crime**. Afirmamos isso pois, até hoje, as explicações puramente individuais para a prática do delito (por exemplo, traumas na infância, influência hormonal, "DNA criminoso") não encontraram confirmação científica: milhões de pessoas apresentam esses mesmos problemas e não praticam delitos.

O crime é condicionado por fatores sociais e reais que vão além do mero descumprimento das leis penais e da sua "causa". É importante sabermos quem é o legislador que faz as leis que consideram determinadas condutas como crime e, por outro lado, deixam de considerar como delito – ou atribuem-lhe penas menores – tantas outras. Por outro lado, questionamos: Quem são aqueles que aplicam o direito? Que influências sofrem? Outra questão é sabermos apontar se o sistema penal é igual para todos. Se não tem sido justo, quais são as consequências advindas daí? Afinal, segundo Edwin Sutherland (1949, p. 9), em nossa opinião **o pai da criminologia** contemporânea, a "Criminologia é o corpo de conhecimento relativo ao crime como fenômeno social. Inclui os processos de fazer leis, infringir leis e reagir à infração das leis".

Para a criminologia, são muito importantes a **pesquisa de campo** e a **visão real sobre o crime e a sociedade**. Por outro lado, é importante, sim, que a criminologia, dentro do possível, seja capaz de apresentar soluções práticas para a sociedade enfrentar a criminalidade com alto potencial lesivo. Nas palavras de Sutherland (1949, p. 9-10),

> *Além disso, a Criminologia trata da aplicação imediata do conhecimento a programas de controle social do crime. [...] Se os programas práticos tiverem de esperar que se complete o conhecimento teórico, esperarão eles a eternidade, porque o conhecimento teórico se enriquece mais significativamente à mercê dos esforços que visam ao controle social.*

Para compreender o nascimento e os rumos tomados pela criminologia, temos de entender também o desenvolvimento da primeira escola de direito penal, a Escola Clássica, bem como o da Escola Positiva.

A **Escola Clássica** surgiu com o pensamento de Cesare Beccaria (1738-1794), expresso no livro mais famoso e importante do direito: *Dos delitos e das penas*, publicado em 1764. Nessa obra, que sofreu forte influência iluminista, Beccaria critica completamente o sistema inquisitorial da Idade Média, que era fundamentado na tortura para investigar e aplicava penas cruéis. Trata-se de um livro de leitura obrigatória, pois alterou o modelo do direito penal, que, até o século XVIII, aceitava naturalmente o sistema desumano e inseguro de investigar e punir. A obra *Dos delitos e das penas* desenvolve, assim, ideias de um direito penal mais racional, humano e com fundamento na legalidade.

Alguns anos depois, Francesco Carrara (1805-1888), professor da Faculdade de Pisa, formulou as bases da Escola Clássica. De maneira geral, mas não unânime, os autores clássicos sustentavam que todas as pessoas deveriam ser iguais perante a lei; que as pessoas tinham livre arbítrio e, portanto, a pena seria uma retribuição justa pela prática do crime.

Contudo, mesmo na época iluminista, o revolucionário Jean-Paul Marat (1743-1793) antevia o principal problema da Escola Clássica, qual seja, o de não ver que a maioria das pessoas era desigual e vulnerável quanto ao sistema que preconizava que, sobretudo, o crime é um ente jurídico. Em outras palavras, o modelo da lei foi adotado, mas a lei não trazia justiça para a realidade.

Talvez se aproveitando do analfabetismo generalizado e da crença em uma ciência maior, sustentada por Auguste Comte (1798-1857), o médico italiano Cesare Lombroso (1835-1909) realizou autópsias em cadáveres de criminosos, visitou prisões e reformatórios juvenis e anunciou ao mundo que havia descoberto que os criminosos eram diferentes anatomicamente das pessoas normais. Para Lombroso, fundador da **Escola Positiva**, o criminoso fazia parte de uma "subespécie humana" portadora de orelhas, cabeça, cabelo, ossos e pele diferentes das pessoas comuns. Na verdade, ao lermos o famoso livro de Lombroso, *O homem delinquente* (2001), publicado em 1876, rapidamente percebemos a confusão das características físicas que ele apresenta, isto é, são sinais presentes em quase todos os seres humanos (muito cabelo, pouco cabelo, cabelo enrolado, orelha de abano, assimetrias etc.).

Desde o início, a pesquisa de Lombroso se apresentava equivocada, pois seu recorte era formado por pessoas presas, sendo evidente que a corrupção, a influência política e a falta de apuração de muitos delitos levavam para atrás das grades principalmente pessoas pobres e estigmatizadas.

Para tentar reparar as ideias racistas de Lombroso, seu discípulo Enrico Ferri (1856-1929) também acrescentou como fator que leva à prática do delito – além da predisposição nata decorrente de fatores físicos, como sustentava Lombroso – a influência do meio. É claro que Ferri concluiu que, se uma pessoa nasce ou vive em um meio criminoso, ela invariavelmente também será delinquente, o que jamais pode ser aceito.

Assim, segundo a Escola Positiva, o criminoso não escolhe entre praticar ou não o crime, porque é levado firmemente, pela tendência nata (Lombroso) ou pela influência do meio (Ferri), à prática do delito. Segundo essa escola, é o **determinismo** ou **paradigma etiológico** que decide quem será criminoso. Nesse pensamento, o ser humano seria apenas uma marionete que nada de importante decidiria.

Bastante deficiente em relação à Escola Clássica, a Escola Positiva influenciou sobremaneira a criminologia dos séculos XIX e XX, prejudicando estudos sérios sobre a criminalidade e a realidade sociais e fazendo crer que somente as pessoas feias e as que eram encontradas nas comunidades socialmente desfavorecidas poderiam ser criminosas. Tais ideias foram devidamente contestadas apenas no século XX, destacando-se com louvores o trabalho do sociólogo Edwin Sutherland (1883-1950).

A seguir, apresentamos um resumo dos principais aspectos dessas duas escolas penais.

Figura 1.1 – Resumo dos principais aspectos da Escola Clássica e da Escola Positiva

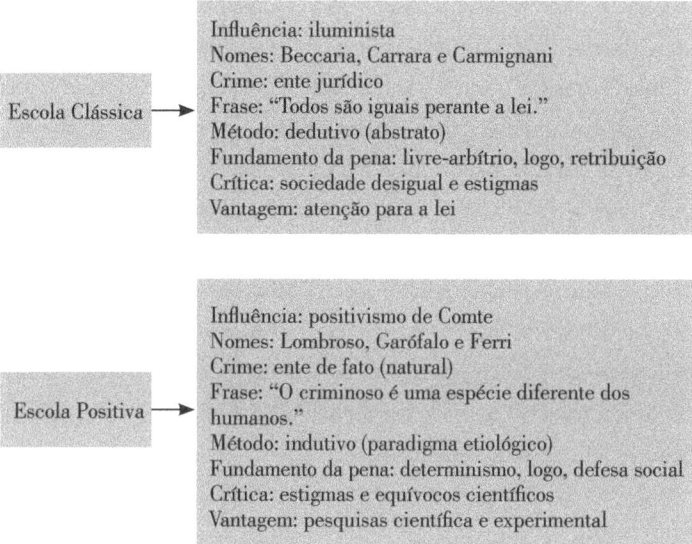

De qualquer forma, apesar do esforço das duas escolas em tentar explicar toda a essência do direito penal e do crime, não ocorreu um grande aprofundamento dos problemas sociais reais que estavam presentes e envolviam essas questões.

1.3 Teorias da criminologia

Anomia

A palavra *anomia* vem do grego *a*, que significa "sem", e *nomos*, "normas". É a **ausência de normas** ou **vazio normativo**. Essa ideia foi concebida por Émile Durkheim (1858-1917) como a falta de integração para o cumprimento das normas. Assim, a falta de credibilidade ou consistência das normas produziria também a ausência de normas a serem cumpridas ou, se existentes, seu descumprimento.

Um exemplo radical de anomia se refere aos períodos de guerra civil, nos quais as normas comuns não são mais um referencial.

Mais recentemente, Robert Merton (1910-2003) realizou um estudo sobre uma provável explicação para o não cumprimento das normas: a impossibilidade de obtenção das metas sociais, tais como aquisição de uma casa, de um carro ou da roupa da moda, ao se cumprirem as leis. Dessa forma, segundo esse autor, poderia ser explicado o crime em diversas camadas sociais, como no caso de jovens que praticam o delito para a obtenção de bens ou simplesmente de destaque em seu meio. A crítica que se faz a essa teoria é a de que nem todas as pessoas descumprem leis, furtando ou apropriando-se indevidamente de dinheiro para ter um carro. Além disso, muitos não querem obter as mesmas metas sociais, *v.g.*, não pretendem adquirir um carro ou uma casa.

■ Associação diferencial

O delito pode ser aprendido e praticado por grupos que adotam sua prática como um valor interno positivo. Uma **associação de diferentes**, como de executivos, pode conceber um golpe no mercado financeiro que lesa o patrimônio das pessoas como uma "jogada profissional aceitável". Porém, tal concepção não faz parte da crença geral e das instituições.

Esse tema foi estudado e desenvolvido por Edwin Sutherland (1949). Segundo ele, qualquer pessoa pode aprender a atividade criminosa, desde que faça parte de uma organização ou grupo que ensine tal comportamento a ela. Quanto mais tempo se permanece na organização criminosa, maior é a probabilidade de aprender a técnica do crime e de se tornar um criminoso. Para o leitor que deseja se aprofundar na criminologia contemporânea, recomendamos a leitura da obra clássica de Sutherland (1949) *Princípios de criminologia*, publicada originalmente em 1934.

Vale destacar que, nos anos 1940, Sutherland proferiu uma palestra na Universidade de Chicago sobre o *white collar crime*, ou "crime do colarinho branco", alterando, com isso, o conceito da criminologia de que somente os ladrões de rua eram criminosos e demonstrando que pessoas com prestígio social também podem atuar de forma extremamente nociva na sociedade.

Conforme os princípios fundamentais expostos pelo próprio Sutherland (1949, p. 16-17),

I) Os processos que resultam no comportamento criminoso sistemático são fundamentalmente os mesmos, na forma, que os processos que resultam no comportamento legal sistemático. [Difere no processo de julgamento, mas não na essência ou nos princípios genéticos.]

II) O comportamento criminoso sistemático é determinado num processo de associação com aqueles que cometem crimes, exatamente como o comportamento legal sistemático é determinado num processo de associação com aqueles que são respeitadores da lei. A pessoa não "inventa o comportamento criminoso", mas sim é treinada para tal. A "guerra faz a guerra".

III) A associação diferencial é o processo causal específico no desenvolvimento do comportamento criminoso sistemático.

IV) A probabilidade de participar uma pessoa do comportamento criminoso sistemático determina-se, grosso modo, pela frequência e consistência de seus contatos com os padrões de comportamento criminoso.

V) As diferenças individuais entre as pessoas, com relação a características pessoais ou situações sociais, causam o crime somente quando afetam a associação diferencial ou a frequência e a consistência dos contatos com padrões criminosos.

VI) O conflito cultural é a causa fundamental da associação diferencial e, portanto, do comportamento criminoso sistemático.

VII) A desorganização social é a causa básica do comportamento criminoso sistemático.

Desde que a cultura respeitadora da lei é dominante e mais extensiva, poderia ela sobrepujar o crime sistemático, se para esse fim se organizasse. Mas a sociedade organiza-se na maioria dos pontos em torno de interesse de indivíduos e de pequenos grupos. A pessoa acatadora da lei interessa-se mais pelos seus projetos pessoais imediatos, do que pelo abstrato bem-estar social ou pela justiça.

Sutherland demonstrou que os estudos dos criminosos têm como base as estatísticas, mas estas não demonstram a criminalidade da classe alta. As estatísticas não demonstram a verdadeira incidência da criminalidade, que é muito mais alta – a real criminalidade é escondida pela cifra oculta. Porém, equivocadamente, as teorias apresentam explicações para o crime com base na pobreza, em doenças mentais, nos bairros do tipo favela etc. Em seu famoso artigo sobre a "criminalidade do colarinho branco", Sutherland (1940, p. 11-12, tradução e grifo nosso) faz um resumo do seu conceito:

1. Criminalidade do colarinho branco é criminalidade real, estando em todos os casos em violação com a lei criminal.

2. Criminalidade do colarinho branco difere da criminalidade da classe baixa principalmente na implementação da lei criminal que segrega os criminosos do colarinho branco administrativamente de outros criminosos.

3. As teorias dos criminólogos no sentido de que o crime é devido à pobreza ou à psicopatia e a condições sociopáticas estatisticamente associadas com a pobreza são

> *inválidas porque, primeiro, elas são derivadas de amostras que são grandemente discriminadas com respeito ao status socioeconômico; segundo, elas não se aplicam aos criminosos do colarinho branco; e terceiro, elas ainda não explicam a criminalidade da classe baixa, desde que os fatores não são relatados num processo geral característico de todas as criminalidades.*
>
> *4. É necessária uma teoria do comportamento criminoso que explique ambas as criminalidades do colarinho branco e da classe baixa.*
>
> *5. Uma hipótese desta natureza é sugerida em termos da **associação diferencial** e desorganização social.*

Depois dessas ideias de Sutherland, até os presentes dias, nada mais tão profundo e original foi apresentado na criminologia.

Subcultura

A subcultura refere-se a um **grupo não dominante** ou **não convencional** (jovens delinquentes, presos, dependentes de drogas, por exemplo) que apresentam **crenças e normas próprias**. É uma cultura alternativa que cria valores, linguagem e práticas próprios.

Segundo Conde e Hassemer (2008, p. 63), foi

> *Albert Cohen quem, em 1955 (*Delinquent Boys*), detectou a existência de tais subculturas em grupos de jovens e as interpretou como reação dos jovens procedentes de estratos sociais economicamente mais baixos e ante as frustrações e fracassos a que se veem expostos continuamente para conseguir, por meios legais, o status e o bem-estar que têm os jovens pertencentes às classes dominantes.*

Com isso, sob a ótica da subcultura, haveria uma legitimação para a conduta delitiva, ou, no mínimo, uma explicação interna, uma justificativa e um apoio mútuo.

Os imigrantes que se concentram em um bairro, os músicos e os adolescentes que frequentam "baladas" e utilizam drogas formam grupos que criam valores próprios, diferentes dos convencionais. Dessa forma, as pessoas da subcultura se "entendem" e valorizam a si mesmas, obtendo reconhecimento social dentro do seu grupo, o que muitas vezes não é possível com a cultura convencional. Da mesma maneira, os presos de penitenciárias, os executivos que praticam golpes financeiros e os traficantes de *crack* utilizam uma linguagem própria e alternativa em relação às convenções tradicionais. A compreensão da subcultura é fundamental para entendermos os mecanismos dos autores de crimes.

Na biografia de Dale Carnegie que escrevemos (Bacila, 2015a, p. 2), apontamos motivos que levam as pessoas a valorizar fanaticamente as subculturas. Carnegie observou que, muitas vezes, as pessoas procuram desesperadamente a sensação de importância e o reconhecimento social. Conforme expusemos em *A vida de Dale Carnegie e sua filosofia de sucesso* (Bacila, 2015a), Carnegie constatou que nós somos seres que precisam satisfazer o próprio sentimento de importância.

Ora, quando uma pessoa é presa, por exemplo, recebe críticas e estigmas de quase toda a sociedade. Então, muitas vezes, somente seus colegas de prisão é que ressaltam suas qualidades, o que, somado às condições degradantes do cárcere, faz com que a pessoa se insira na subcultura, confrontando o direito.

Nesse sentido, surge outro fenômeno muito comum, que é o conceito, desenvolvido por Robert Merton, da **profecia que se**

autocumpre*. Assim, se alguém é chamado de *ladrão* ou *assassino*, essa pessoa acaba "vestindo" o rótulo e passa a agir como tal. Quem sabe se, agindo como tal, ela não consegue finalmente um reconhecimento que a sociedade lhe negou até então?

Antipsiquiatria

Em consonância com as ideias da criminologia que surgiam nos Estados Unidos em meados do século XX, Erving Goffman (1922-1982) desenvolveu uma pesquisa em um estabelecimento psiquiátrico e demonstrou que as pessoas consideradas "loucas" não tinham diferenças substanciais em relação às pessoas ditas "normais". Nessa época, os manicômios, como eram chamados os hospitais para tratamento de doenças mentais, eram fechados, e as pessoas sob tratamento eram profundamente discriminadas pela sociedade, mais ainda do que ocorre atualmente. A obra de Goffman *Manicômios, prisões e conventos* (1999), publicada originalmente em 1961, é atualmente um clássico. Nela, o autor estudou com singularidade a vida nas instituições a que se referiu como *totais*, porque procuravam controlar as pessoas 24 horas por dia.

A antipsiquiatria, que teve Goffman como um de seus principais precursores, estuda o tratamento diferenciado que a sociedade confere às pessoas com deficiência mental. Faz-se a distinção entre a **doença biológica** (ou cerebral) e a **mente** da pessoa, uma ideia importante, visto que o tratamento de uma pessoa considerada mentalmente deficiente é completamente diferente, por exemplo, de um enfermo de doenças convencionalmente conhecidas como *físicas*.

A pessoa que apresenta sintomas de uma deficiência mental recebe um profundo estigma e é tratada de forma distinta, mesmo

---

* Em inglês, *self-fulfilling prophecy*, que também pode ser traduzido como "profecia autorrealizável".

nos casos em que sua enfermidade não apresenta nenhuma relação com o problema. Um exemplo: se um assassino serial é diagnosticado como "louco", então, argumenta-se que o **motivo** de ele ter praticado tais homicídios foi a **loucura**, quando, na verdade, milhões de pessoas também foram diagnosticadas com o mesmo problema e, contudo, não praticam homicídios em série (Bacila, 2015b, p. 275). Isso é derivado dos **estigmas como metarregras**, tema que desenvolveremos adiante.

■ Etiquetamento

Ainda que Howard Becker (1928-) prefira empregar a expressão *interacionismo simbólico* ao se referir a diversos estudos dos sociólogos norte-americanos, como os do próprio Becker, de Goffman e de Chapman, muitos acabaram denominando de *teoria do etiquetamento (labelling approach)* a constatação de que o **rótulo** que um indivíduo recebe exerce uma grande influência na designação social e no tratamento de *criminoso*. O criminoso, segundo essa corrente, seria um "etiquetado" como tal.

Logo, não basta que A pratique um furto, pois, se ele não for rotulado de *ladrão*, dificilmente será condenado por furto. Essa linha de autores acabou demonstrando que a reação social configura uma enorme influência na designação do crime e do criminoso.

A professora Lola Aniyar de Castro (1983, p. 99-100) resume as consequências do etiquetamento das pessoas conforme o pensamento de Becker:

> *1. As pessoas catalogadas como desviantes não formam categoria homogênea de pessoas; 2. não se pode dar como certo que essa gente realmente cometeu um ato dessa natureza, pois os processos de assinalamento não são infalíveis; 3. nem o grupo dos que foram classificados como desviantes contém todos os que transgridem*

uma regra; 4. a única coisa que as pessoas desse grupo têm em comum, é a experiência de terem sido classificadas como marginais (outsiders) *e o rótulo correspondente; 5. o desvio é uma transação que tem lugar entre o grupo social e a pessoa que é encarada por esse grupo como transgressor; 6.* marginais (outsiders), *no entanto, são também os do grupo majoritário em relação a quem foi catalogado ou etiquetado.*

Conforme ele mesmo esclareceu, Becker realizou estudos de casos, não concebeu uma teoria da rotulação ou do etiquetamento. Contudo, até hoje, os autores tratam esta como uma verdadeira teoria e apontam, até mesmo, conclusões que não foram extraídas dos estudos de Becker.

Nas palavras do próprio Becker (2009, p. 179): "Várias pessoas contribuíram para o desenvolvimento do que foi chamado de maneira infeliz de 'teoria da rotulação'". Em seguida, o autor deixa bem clara sua total insatisfação de ter sido denominado de *teoria da rotulação* o conjunto de suas pesquisas:

> *Nunca pensei que as formulações originais feitas por mim mesmo e por outros merecessem ser chamadas de teorias, pelo menos não teorias do tipo inteiramente sistematizado – o que elas vêm sendo criticadas agora por* **não** *ser. Muitos autores queixaram-se de que a teoria da rotulação não fornece uma explicação etiológica do desvio, nem diz como as pessoas que cometem atos desviantes passam a fazê-lo – e especialmente por que elas o fazem, enquanto outras à sua volta não.* (Becker, 2009, p. 180, grifo do original)

Becker tem a clara noção de que o simples fato de alguém rotular pessoas que roubam de *assaltantes* não faz delas criminosos. O que ele quis dizer é que, quando os "empreendedores morais" etiquetam pessoas supostamente desviantes, isso faz com que tais pessoas tenham maior dificuldade de abandonar as ações criminosas e ter uma vida normal (Becker, 2009, p. 180-181).

Nosso objetivo com o livro *Criminologia e estigmas: um entudo sobre os preconceitos* (Bacila, 2015b) foi justamente procurar sistematizar o tema dos **preconceitos** que são equiparados aos **estigmas**, conforme escrevemos na referida obra:

> *procurei trazer alguma contribuição ao estudo da Criminologia, desenvolvendo basicamente três temas que necessitavam de uma melhor precisão conceitual, além de um conceito universal para a palavra* **estigma**. *Assim, os preconceitos podem ser visualizados nas análises diárias do sistema penal e das sociedades em geral, de maneira bastante prática e objetiva. Nada disso teria sido possível sem as sólidas bases dos autores que serviram de sustentação para a tese que sustentei.* (Bacila, 2015b, p. 261, grifo original)

Após o desenvolvimento do conceito de **estigmas como metarregras**, com base nos fundamentos históricos e práticos que propusemos, desenvolvemos uma série de estudos voltados para a aplicação em casos concretos e na identificação, com mais segurança, da atuação preconceituosa de instituições ou pessoas com relação ao conflito ocorrido.

■ Criminologia radical

Com base no marxismo, a criminologia radical ou crítica preconiza que o crime é derivado da desigualdade de classes e seria praticado como um ato de revolta contra o capitalismo.

Esse conceito foi extremamente criticado pelo simples fato de que muitos crimes não têm relação com questões econômicas, como é o caso dos delitos sexuais e dos homicídios em série. Por outro lado, o que move a maioria dos que cometem crimes contra o patrimônio é o desejo de lucro.

A criminologia radical também recebeu a crítica de não realizar a defesa dos direitos humanos (Carvalho, 2008, p. 122).

Segundo Gabriel Ignácio Anitua (2008, p. 657),

> *[o] termo "criminologia crítica", inspirado na citada tradição da Escola de Frankfurt, começou, nos Setenta, a unificar várias posições distintas, que iam desde o interacionismo até o materialismo, e que se assemelhavam mais naquilo que criticavam do que naquilo que propunham. Foi essa a avaliação de Stanley Cohen, em* Imagens do desvio, *de 1972. Isso seria, sem dúvida, o maior inconveniente desse tipo de criminologia, assim como o da maioria dos movimentos iniciados na complicada década de 1970. Se um determinado projeto sempre acarreta contradições e dificuldades, estas últimas se multiplicarão no caso da elaboração de um "anteprojeto", pois a forma especular recebe os problemas aos quais reflete e, além disso, os amplia. O projeto da "criminologia crítica" teve esse destino, o que levou alguns autores a pensar que a única maneira de ser realmente crítico era deixando de ser criminólogo.*

Os nomes mais expressivos da criminologia crítica foram Ian Taylor, Paul Walton e Jack Young. Ainda conforme Anitua (2008, p. 666-667), a obra dos referidos autores "foi acusada por outros membros da National Deviance Conference de falsear outras teorias, ao interpretá-las a partir de esquemas marxistas e de praticar um certo 'imperialismo epistemológico'".

Propomos aqui uma reflexão com o objetivo de avaliar qual foi, afinal, a contribuição da criminologia crítica. Talvez o que podemos esperar de melhor é a percepção do verdadeiro vazio que consiste em "criticar por criticar" ou, o que é pior, no fugidio subterfúgio de criticar para tentar justificar em todos os problemas sociais uma resposta segundo determinada teoria econômica. Nesse sentido, citamos a irretocável conclusão de Salo de Carvalho (2013, p. 114): "a criminologia crítica [...], embebida pelo discurso sociológico, submeteu-se aos reducionismos economicistas produzindo novos causalismos".

■ Mito do DNA do criminoso

No final do século XIX, Francis Galton (1822-1911) afirmava que existiam enfermidades hereditárias que deveriam ser prevenidas com a esterilização de pessoas – o que passou a ser chamado de *eugenia*.

Nesse sentido, Muñoz Conde e Hassemer (2008, p. 29) afirmam:

> nos anos 1960, o descobrimento de um novo cromossomo, o *XYY* ou o cromossomo do duplo Y, levou alguns a pensar que nele se encontrava a explicação das condutas violentas e agressivas, o que as investigações posteriores descartaram completamente, havendo inclusive dados que pareçam demonstrar o contrário.

Apesar da constatação do erro de que o crime poderia derivar da hereditariedade, a ideia confunde os estudiosos até os dias atuais, fazendo com que muitos procurem uma explicação biológica para a criminalidade.

■ Determinismo da psicologia freudiana

Sigmund Freud (1856-1939) atribuía as causas dos delitos praticados a traumas sofridos na infância ou até mesmo a perversões humanas. Dessa maneira, ocorreria um **paradigma etiológico (determinismo)** como fator preponderante para a prática do delito.

Nessa visão, a explicação para um o assassino serial, por exemplo, seria o fato de ele ter sido abusado sexualmente ou maltratado pelos pais. A questão é que há milhões de indivíduos que são vítimas de abusos na infância e, ainda assim, não se tornam assassinos ou estupradores. Algumas das pessoas vitimizadas podem sofrer de depressão ou se transformar em altruístas. Por outro lado, nem todo assassino serial ou criminoso de qualquer tipo necessariamente sofreu abusos na infância. Não há, portanto, comprovação da teoria freudiana na seara do crime.

Ecológicas

Tendo como precursor Robert Ezra Park (1864-1944), da chamada *Escola de Chicago*, as *teorias ecológicas* são assim denominadas porque procuram explicar a criminalidade com base na localização das pessoas na cidade (entorno urbano).

Park explicava o comportamento humano conforme as zonas residenciais ou de trabalho, as áreas de diversão e as moradias diferenciadas, dependendo de classes sociais. Dessa maneira, segundo tal concepção, as zonas de imigrantes ou pobres apresentariam maior grau de criminalidade.

Outros representantes dessas teorias apontaram os maiores índices de criminalidade nas zonas de concentração de imigrantes e minorias étnicas, como é o caso dos afrodescendentes. Shaw e McKay (1942, citados por Sutherland, 1949, p. 167) argumentaram, entretanto, que a causa de tais índices eram as péssimas condições de vida nesses lugares. Some-se a isso o fato de que a composição das nacionalidades se alterou em um período de 30 anos, mas a taxa de criminalidade permaneceu a mesma nas áreas pesquisadas. Ainda segundo Shaw e McKay (1942, citados por Sutherland, 1949, p. 163), a tendência da criminalidade era de maior concentração no centro da cidade e se reduzia à medida que se afastava do centro.

Em nosso livro *Criminologia e estigmas* (Bacila, 2015b), sustentamos que a explicação para as estatísticas de maior criminalidade em regiões pobres e de imigrantes reside na concentração de pessoas em condições precárias de vida e sem a presença da municipalidade estatal, o que propicia mais conflitos, independentemente de etnia ou riqueza. Outro problema é que os estigmas da pobreza e da raça, entre outros estigmas, induzem a polícia e o sistema penal como um todo, por conta das metarregras, a planejar as vigilâncias e as operações policiais no sentido de atingir as regiões mais pobres. Assim, a falta de igualdade no planejamento policial incrementa a sensação de que o crime é praticado em grande proporção nas regiões mais pobres. Por isso, "A polícia jamais deveria atuar com um aparato que visasse atingir somente pessoas estigmatizadas (pobres/favelados) que são violadas em sua intimidade diária, para que uma pequena parcela que pratica determinados crimes considerados graves seja atingida" (Bacila, 2015b, p. 239).

Enquanto os integrantes das teorias ecológicas se concentravam na criminalidade das regiões pobres, a criminalidade dos bairros ricos ainda não era reconhecida e, evidentemente, as estatísticas não a apontavam e a deixavam escondida sob a cifra oculta. Sutherland (1940, p. 10, tradução nossa) afirmou expressamente:

> *Shaw e McKay e outros trabalharam exclusivamente no campo do crime da classe baixa, tendo encontrado teorias convencionais inadequadas para explicar suas variações com os dados do crime da classe baixa e, sob este ponto de vista, trabalharam em direção a uma explicação do crime de um processo social mais geral.*

Consideramos ser evidente que Sutherland tinha autoridade para realizar essa crítica, pois ele mesmo estava fundando a criminologia contemporânea.

Criminologia da vida cotidiana

Em conformidade com o pragmatismo norte-americano, no ano de 1982, George Kelling e James Wilson escreveram o artigo "Broken Windows" ("Janelas quebradas"). Nele, desenvolveram a ideia de que, se, em determinado local, a vidraça de uma janela está quebrada, ocorre ali a tendência de vandalismo e depredações. Assim, se as casas ou as ruas estiverem bem arrumadas em seus pequenos detalhes, a tendência é a de que a criminalidade seja reduzida (Kelling; Wilson, 1982).

Com base nisso, o prefeito de Nova York Rudolph Giuliani, nos anos 1990, implementou um programa de política criminal denominado *Tolerância Zero*, isto é, aumentou extremamente o contingente policial e passou a coibir os pequenos delitos, tais como pichações, uso de drogas, mendicância e pedidos de dinheiro para cuidar dos carros.

Se, por um lado, a sensação de segurança do indivíduo médio aumentou, por outro, esse programa foi alvo de uma série de críticas bastante razoáveis: custo do aumento do número de policiais e de vagas nas cadeias; violação dos direitos humanos; foco em pequenos delinquentes enquanto os criminosos da lavagem de dinheiro, do narcotráfico e dos crimes do colarinho branco e ambientais passeiam nas ruas bem arrumados.

Estigmas como metarregras

O estigma apresenta um **aspecto objetivo**: **raça** (cor da pele), **gênero** (mulher), **pobreza** (falta de meios de subsistência) ou **religião** (adoção de comportamento religioso). O estigma também apresenta um **aspecto subjetivo**: a **valoração social negativa**. Podemos citar alguns exemplos: "se é mulher, não pode ser policial"; "se é negro, é suspeito potencial do delito"; "se não pertence a determinada religião, não está no caminho do bem"; "se é pobre, tem tendência para o furto".

Então, com base nessas concepções equivocadas – que denominamos de *metarregras estigmas* –, passamos a atuar na sociedade como se todas as pessoas portadoras do aspecto objetivo do estigma (por exemplo, pobre) agissem como se espera da regra preconceituosa (metarregra estigma). Quando a pessoa que pratica o delito não apresenta um estigma (por exemplo, rico) e pratica um furto, tendemos a desculpar a conduta. Assim, quando um pobre tem compulsão para o furto, dizemos que é um ladrão e que pratica o furto porque é pobre. Por outro lado, quando um rico tem a mesma compulsão e pratica o furto, adjetivamos a pessoa de *cleptomaníaca* e justificamos que ela precisa de tratamento profissional adequado (psicólogo). Com isso, temos dois casos iguais, mas com tratamentos diferentes.

Desenvolvemos essas e outras ideias de forma sistemática, concebendo os estigmas como metarregras no livro *Criminologia e estigmas*, que aponta as precondições estruturais dos estigmas, o conceito e as raízes históricas dos preconceitos. Nessa obra,

> *elaborei uma classificação distinta de outros autores, baseada em quatro estigmas fundamentais: raça, sexo, pobreza e religião. A partir destes fortes estigmas e de um senso comum, procuro descortinar outros não menos importantes, como é o caso dos estigmas do velho, do viciado, do gordo e do magro, do doente físico e mental, do homossexual, do criminoso, da prostituta e tantos outros. Lutar contra estigmas não pode ser uma luta fracionada, mas sim uma luta universal, contra todos os estigmas.*
> (Bacila, 2015b, p. XVI)

Sugerimos ao leitor que, para se aprofundar mais na área da criminologia, faça a leitura da obra citada.

Vitimologia

A importância da vítima no processo penal decaiu à medida que o Estado passou a se apropriar mais do conflito, o que ocorreu no final da Idade Média. A composição entre o agressor e o ofendido foi, aos poucos, perdendo espaço para a multa em favor do ente público.

Contudo, nos últimos anos, vem adquirindo força a **valorização da vítima**, no que se refere à redução dos malefícios do crime e à análise do quanto a vítima contribui para a prática do delito.

Assim, podemos dividir os mecanismos que envolvem a vítima no sistema penal em (i) redução dos riscos e malefícios do sofrimento pelo delito e (ii) estudo da contribuição da vítima para a prática de delito. Vejamos a seguir em que consistem esses mecanismos.

Redução dos riscos e malefícios do sofrimento pelo delito

No Código Penal (CP), está prevista a redução da pena com institutos como a **desistência voluntária**, o **arrependimento eficaz** (CP, art. 15) e o **arrependimento posterior** (CP, art. 16), bem como a possibilidade de receber do criminoso (por lesão corporal, injúria ou dano) o pagamento na forma de prestação pecuniária, as composições nos juizados especiais etc. (Brasil, 1940).

Observemos, ainda, que o art. 387, inciso IV, do Código de Processo Penal (CPP) estabelece que "o juiz ao proferir sentença condenatória [...] fixará valor mínimo para reparação dos danos causados pela infração, considerando os prejuízos sofridos pelo ofendido" (Brasil, 1941).

Desistência voluntária

Desistência voluntária é a situação na qual o agente, voluntariamente, após iniciar a execução do crime, desiste de prosseguir (CP, art. 15, 1ª parte). Ocorre na tentativa inacabada.

Como exemplo, suponhamos que A, que deseja matar C, começa a atirar em direção a este e, no segundo tiro, por sua própria vontade, para antes que o homicídio se consume.

■ Arrependimento eficaz

No arrependimento eficaz, o agente esgota os meios de que dispõe para a prática do delito, mas, antes que o crime se consume, age voluntariamente para evitar a realização do tipo objetivo (CP, art. 15, parte final). Ocorre na tentativa perfeita.

Na hipótese do exemplo anterior, imaginemos que A continue atirando e descarregue toda a sua munição contra C. Em seguida, arrepende-se voluntariamente: coloca C em seu próprio carro e o leva até o hospital para que receba cuidados médicos e se salve, o que efetivamente ocorre.

Como consequência jurídica, temos que, na desistência voluntária e no arrependimento eficaz, o agente responde somente pelos atos que já praticou (CP, art. 15, parte final).

Ainda utilizando o exemplo mencionado, se C salvar A, responderá pelo crime de lesão corporal, caso tenha acertado os disparos. Poderá, ainda, responder pelo crime de possuir, portar ou empregar arma de fogo sem autorização ou em desacordo com determinação legal ou regulamentar, previsto no art. 14 da Lei n. 10.826, de 22 de dezembro de 2003 (Brasil, 2003).

Quanto ao fundamento da desistência voluntária e do arrependimento eficaz, temos que, diante da impossibilidade de o Estado garantir a segurança da vítima em todos os momentos, tenta-se incentivar o resultado menos grave. É a "ponte de ouro" (como escreve Franz von Liszt) para o delinquente atravessar da margem criminosa para a margem da licitude: com isso, o delinquente é incentivado a remediar o delito (Bacila, 2001).

▪ Arrependimento posterior

Conforme estabelece o art. 16 do CP, nos crimes cometidos sem violência ou grave ameaça à pessoa, reparado o dano ou restituída a coisa, até o recebimento da denúncia ou da queixa, por ato voluntário do agente, a pena será reduzida de um a dois terços.

Portanto, crimes como sequestro, roubo e lesão corporal, que são realizados mediante grave ameaça ou violência à pessoa, não admitem o instituto do arrependimento posterior.

Logo, temos um exemplo de aplicação do arrependimento posterior: D furta um *laptop* de C. Antes de ser intentada a ação penal, D devolve o aparelho para C.

A consequência jurídica é que a pena a ser aplicada será reduzida de um a dois terços.

▪ Estudo da contribuição da vítima para a prática do delito

Utilizar joias caras em regiões de risco (de furto, roubo etc.), caminhar com roupas sedutoras em áreas isoladas (estupro) ou ser irritante e intolerante com os outros (lesões corporais, homicídios) podem ser elementos que tornam as pessoas vulneráveis ao delito. Evidentemente que, de maneira alguma, essas "provocações" da vítima justificam o crime. Por outro lado, o crime pode ocorrer mesmo que a vítima seja completamente irrepreensível em sua conduta.

De forma geral, tais "provocações" da vítima podem refletir na dosagem inferior da sanção penal ou fornecem elementos para a política criminal, entre outros aspectos.

Em alguns delitos, a individualização da vítima pode ser bastante difícil (tráfico de drogas, crimes ambientais, delitos contra o consumidor etc.). No tráfico de drogas, por exemplo, o bem jurídico tutelado é a saúde pública e objetiva-se a proteção das pessoas em geral contra os riscos da distribuição sem controle de drogas. Conforme mencionamos em nossa obra conjunta com o professor Paulo Rangel, a "simples posse da droga, para tráfico ou uso próprio, tem o poder de atingir a sociedade principalmente no que se refere à saúde pública, isto é, a saúde das pessoas como um bem geral e não de um indivíduo, especificamente" (Bacila; Rangel, 2015, p. 75).

II

Desde suas origens, a humanidade percebeu a importância da instituição de regras para estruturar as ações entre as pessoas, regras também denominadas de *intersubjetivas*. Quando essas regras têm como objeto disciplinar, de forma coercitiva (forçada) e reconhecida, a vida do grupo social, são designadas de *normas*.

A **norma** é uma regra jurídica não escrita (Kaufmann, 1976, p. 24-25), que tem como finalidade a proteção de bens jurídicos tutelados pelo Estado contra agressões futuras de pessoas responsáveis (Kaufmann, 1976, p. 26-27). Para os romanos, a norma retratava a relação entre o procedimento geral, que se conformava com a regra, e o comportamento concreto, que dela se desviava. Este passou a ser o conceito de **regra** (Kaufmann, 1976, p. 59).

Todas as normas teriam ligação com um bem jurídico. Os delitos mais leves apresentariam uma violação menos intensa do bem jurídico – por exemplo, a injúria, que ofende o bem jurídico honra –, enquanto delitos mais graves exporiam mais o bem jurídico tutelado – como é o caso do homicídio, em que o bem jurídico ofendido é a vida humana.

Assim, os fatos fundamentais de uma sociedade, para serem mais bem resolvidos, foram sistematizados por uma ordem jurídica. Esta, segundo o conceito preciso de Aldacy Rachid Coutinho

Relações entre direito e sociedade

(2000, p. 12-13), "enquanto ordem normativa, nada mais é do que um conjunto de regras que exprimem critérios segundo os quais se ordenam e apreciam fenômenos considerados relevantes, determinando a juridicização, indicando soluções aos casos em que se aplicam".

O direito passou, então, a regular ou tutelar os assuntos importantes para a sociedade, por intermédio do Estado.

Sem embargo, a importância das normas jurídicas destinadas a regular o convívio das pessoas (Lloyd, 1985, p. 13) provocou o desenvolvimento de teorias que procuram explicar o conteúdo das referidas normas ou de seu significado. Afinal, o que significam as **normas jurídicas**?

Durante muito tempo, as normas jurídicas foram consideradas **imperativos** ou **ordens** (Machado Neto, 1984, p. 136) aos súditos ou um **poder de império do Estado**. A norma entendida como império do Estado era assim concebida pelo ser humano comum e pelas concepções fundamentadoras da jurisprudência (jusnaturalismo, exegetismo, historicismo e sociologismo), até que Hans Kelsen (1881-1973) passou a tecer considerações distintas sobre essa ideia. Para Kelsen, a norma não é um mandado, mas um **juízo hipotético de dever-ser**, embora o legislador não necessite expressar-se linguisticamente com um enunciado de "dever ser" (Kelsen, 1995, p. 48). O valor positivo ou negativo da norma é daí abstraído, abandonando-se a lógica aristotélica do **ser** (causalidade) e substituindo-a pela lógica do **dever ser** (imputação)*. Por conseguinte, nem tudo que "deve ser" ocorrerá.

Daí também inferimos o aspecto da norma de **contingência**, não de necessidade (Machado Neto, 1984, p. 137-138). Concordando parcialmente com essa ideia, mas entendendo que a norma é um

---

* Este seria, para Machado Neto (1984, p. 136), o "grande mérito de Kelsen".

juízo disjuntivo, e não hipotético, Carlos Cossio (1903-1987) trouxe um desenvolvimento ainda maior para as considerações conceituais acerca da norma jurídica. Segundo Cossio, o ilícito é a "não prestação da conduta devida"; ou seja, o homicídio, por exemplo, é uma não prestação do dever de respeitar a vida do próximo, dever este que está enunciado na **endonorma*** (Cossio, 1964, p. 453; Machado Neto, 1984, p. 185). Assim, será sempre lícita a conduta que estiver adequada à endonorma. O não cumprimento da endonorma constitui a conduta que está conforme a **perinorma***, devendo o sujeito cumprir a **sanção** (Cossio, 1964, p. 662), que, no direito penal, leva o nome de **pena**.

Enquanto Kelsen apresenta a norma como um **juízo hipotético**, ou seja, "se é T, A deve ser S" – acreditando que bastaria, para caracterizar a experiência jurídica, a transgressão (T), o transgressor (A), o órgão estatal e a sanção (S) –, Cossio apresenta a norma como **juízo disjuntivo**, isto é, "dado-H deve ser P, ou dado não-P deve ser S" (Cossio, 1987, p. 103-104).

Como esse juízo disjuntivo contempla a "não prestação", a norma jurídica adquire um caráter científico e, nesse sentido, de **neutralidade** ao contemplar o lícito e o ilícito (Machado Neto, 1984, p. 137-138). Traduzindo este último modelo para o direito penal, por exemplo, se alguém está assistindo às aulas em uma sala (dado-H), ela não deve matar ninguém (deve ser P ou prestação). Se a pessoa mata alguém (não-P), então, deve haver S, ou a sanção ou pena.

Não obstante as normas serem neutras em sua conceituação, elas constituem instrumentos para determinados fins, e não um fim em si mesmas. Elas foram feitas pela sociedade, que emite valores e as concebe para atender a uma vida real (fatos) e, nesse aspecto, são

---

* A endonorma é a conduta devida; a perinorma é o não cumprimento da conduta devida.

produzidas crises e desentendimentos. Afinal, o objetivo mais aceito do direito penal e de suas normas é a proteção de bens jurídicos.

Além disso, a norma não esgota o conteúdo do direito, ciência que depende de todas as áreas do saber: criminologia, antropologia, sociologia geral, psicologia (Diniz, 1992, p. 19), física, química, biologia, história, política etc. Por isso, se, por um lado, é importante conhecer a estrutura lógica da norma penal, por outro, é indispensável "voltar às coisas" (Folter, 1989), isto é, visar à realidade e às consequências perseguidas e obtidas pela ordem normativa. Ao comentar a obra de Louk Hulsman, Rolf S. de Folter (1989, p. 67, tradução nossa) assim se manifesta: "Temos de deixar de lado os esquemas reducionistas de interpretação do sistema de justiça penal para ter uma maior sensibilidade sobre o que realmente ocorre no mundo cotidiano. Temos de voltar ao mundo da vida ou ao mundo das experiências vividas diretamente".

A propósito, para compreendermos melhor a realidade das coisas, nos âmbitos de estudo do direito penal, da criminologia e do processo penal, é fundamental a pesquisa de campo. Para tanto, sugerimos a você, leitor, a leitura de nossa obra *Nos bastidores da sala de aula* (Bacila, 2014), sobretudo o capítulo "Como se faz uma tese".

Com efeito, as normas podem ser emanadas de diversas **fontes**: legislativas – direito escrito ou *ius scriptum* – ou leis em sentido restrito (Montoro, 1994, p. 305-306), consuetudinárias, jurisprudenciais e doutrinárias (Machado Neto, 1984, p. 142). As leis escritas são de vital importância para o sistema romano-germânico, que é o adotado na América Latina e em grande parte da Europa. Entretanto, alguns problemas estruturais na esfera penal atingem a elaboração e a qualidade da legislação penal. Devemos verificar por que as leis estão distantes da realidade. É o que faremos a seguir.

III

Existem três princípios de direito penal que são relacionados entre si e, dada sua importância, deveriam ser mais respeitados, com o escopo de aperfeiçoar o funcionamento da norma criminalizadora, quais sejam, o princípio da subsidiariedade, o princípio do caráter fragmentário da norma penal e o princípio da lesividade do delito. Além desses princípios, usualmente violados, analisaremos neste capítulo outros problemas da legislação penal na atualidade.

3.1 Princípio da subsidiariedade

Segundo o princípio da subsidiariedade da proteção de bens jurídicos, o direito penal funciona como a *ultima ratio* do ordenamento jurídico e da política social, que atua somente quando falham outros meios de solução dos problemas das comunidades (Roxin, 1997, p. 65). Assim, *v.g.*, a ausência de um empregado ao trabalho ou a falta de pagamento de aluguéis são questões que podem ser resolvidas, no plano jurídico, respectivamente, mediante sanção trabalhista (desconto de salário) ou sanção civil (despejo ou execução da dívida), não sendo preciso que o direito penal tipifique tais condutas.

Claus Roxin, para trazer um exemplo de desnecessidade de tutela penal, invoca a possibilidade de regulamentações policiais em alguns casos*.

3.2 Princípio do caráter fragmentário da norma penal

Deriva da subsidiariedade da proteção ao bem jurídico a natureza fragmentária da norma penal, pois somente um "fragmento" do bem jurídico é tutelado, e isso diante de "formas de ataque concretas" (Roxin, 1997, p. 65, tradução nossa). Assim, o patrimônio, *v.g.*, não é protegido integralmente pelo direito penal, mas também pelos direitos civil, trabalhista, administrativo etc., que estabelecem sanções para condutas que afetam o patrimônio nas respectivas áreas. O furto praticado por um empregado contra a empresa empregadora, por exemplo, também constitui infração trabalhista (direito do trabalho), passível de indenização (direito civil), e somente subsidiariamente será tutelado pelo direito penal como tipo de furto.

3.3 Princípio da lesividade do delito

Importante é a observação de Francesco C. Palazzo sobre a elaboração de tipos penais que regulamentam condutas consideradas socialmente indiferentes e inofensivas. Com isso, fere-se o princípio da lesividade ou da ofensividade do delito, segundo o qual não se constituem ações ilícitas aquelas que não ofendem ou não são perigosas

---

* Nas palavras de Roxin (1997, p. 65), "como la acción civil, las regulaciones de policía o jurídico-técnicas, las sanciones no penales etc.".

a bens jurídicos tutelados (Palazzo, 1989, p. 79-80). Nesse sentido, não seria razoável estabelecer tipos penais ou criminalizar condutas para pessoas que "não estejam na moda", por exemplo.

3.4 Principais problemas da legislação penal atual

Nesta seção, analisaremos alguns princípios, problemas e questões prementes que ocorrem na legislação que temos hoje em dia, alguns dos quais podemos perceber claramente na prática.

■ Promulgação desenfreada de leis

Na atualidade, a legislação penal sofre um problema extremamente crítico e que afeta sua credibilidade, legitimidade e aplicação: a elaboração exagerada de leis criminalizadoras (Hassemer, 1998, p. 54). No lugar da procura de soluções para o aumento do número de condutas que afetam negativamente bens jurídicos, com ações sociais, ofertas de trabalho, participação política etc., são propostas a criminalização de condutas e a majoração de penas ou de medidas coercitivas.

Essas são, na verdade, medidas intimidatórias ou simbólicas (Hassemer, 1998, p. 88; Tavares, 1998, p. 637-647), que evidenciam ainda mais a insuficiência do poder punitivo da pena para tentar resolver todos os problemas da vida em sociedade (Fierro, 1998, p. 627) e procuram apenas satisfazer os anseios populares imediatos, trazendo uma "nova criminalização", a qual, invariavelmente, vem acompanhada de um "déficit de execução" (Hassemer, 1998, p. 88). Vemos que, quando se estabelecem penas para as condutas, a sociedade já deixou de utilizar exclusivamente os meios menos lesivos para solucionar o problema criminal.

Sem a tão preconizada **imparcialidade**, combatem-se, de forma implacável, a criminalidade de rua e também a do concorrente econômico, fazendo-se um apelo de massa para que isso ocorra e propondo-se sempre novos tipos, penas graves (como a pena de morte) e redução da idade para a caracterização da imputabilidade penal, entre outros (Tavares, 1998, p. 646).

Essa reforma, quase que diária, da legislação penal, estimulada pelos meios de comunicação, produz insegurança jurídica, instabilidade e falta de conhecimento integral sobre a legislação, que, afinal, é alterada o tempo todo. Se a lei é modificada frequentemente, seu conhecimento popular se torna muito difícil. Ora, ao se tentar regulamentar todos os setores e todas as matérias, entra-se em detalhes que revelam a transitoriedade do assunto (Palazzo, 1989, p. 47).

Além disso, conforme bem assinala Geraldo Luiz Mascarenhas Prado (2003, p. 66), a Constituição Federal brasileira de 1988 (Brasil, 1988), em vez de concentrar seus dispositivos nas garantias fundamentais, reproduz, na forma de normas, o discurso voltado para a criminalização de condutas. Nesse sentido, Salo de Carvalho (2003, p. 73) exemplifica o excesso constitucional com a restrição das garantias individuais na hipótese de crimes hediondos. Vejamos, por exemplo, o preceito do art. 5º, inciso XLIII, da Constituição Federal: "A lei considerará crimes inafiançáveis e insuscetíveis de graça ou anistia a prática da tortura, o tráfico ilícito de entorpecentes e drogas afins, o terrorismo e os definidos como crimes hediondos, por eles respondendo os mandantes, os executores e os que, podendo evitá-los, se omitirem" (Brasil, 1988).

O aumento desmedido da quantidade de leis e disposições penais no direito contemporâneo tem produzido, segundo Eugenio Raúl Zaffaroni (1998, p. 614-615), certos "riscos" para o sistema, quais sejam, descodificação, transnacionalização, frontalismo, renormalização, fiscalização e banalização. Vejamos em que consistem tais riscos para o sistema penal.

■ Descodificação

Sem os textos codificados das leis, perdem-se a clareza, a integralidade do sistema e o organismo do qual faz parte o dispositivo jurídico, conquistas obtidas no período do Iluminismo (século XVIII) (Zaffaroni, 1998, p. 615). Com a descodificação, contraria-se a ideia de Beccaria (2000, p. 24) de que é preciso dispor de um texto legal familiar, conhecido pelo povo, e não somente acessível a um pequeno número de "depositários e intérpretes das leis".

■ Transnacionalização

Outro risco citado por Zaffaroni é a imposição transnacional da legislação penal especial, como é o caso das leis de drogas e de tantas outras, ou a alteração das leis processuais penais, que atingem garantias fundamentais, *v.g.*, sigilo, limitações ao direito de defesa, autorização judicial para cometer delitos etc. (Zaffaroni, 1998, p. 615).

■ Frontalismo

Frontalista é a legislação que impressiona por sua "monumentalidade" ou arquitetura autoritária, em virtude da proposição de penas radicais, como a de morte ou a de muitos anos de prisão para situações comuns, de forma desproporcional às condutas e sem a individualização adequada, penas derivadas de verdadeiras políticas gerenciais de uma campanha de "lei e ordem" produzida em seguida a um aumento de conflitos ocasionado pela decadência econômico-social do modelo globalizante (Zaffaroni, 1998, p. 615-616).

▇ Renormalização e criminalização vaga

A criação de tipos e regras incertos e vagos, como é o caso do assédio sexual, que é impulsionada pelos meios de comunicação – a chamada *sociedade de comunicação* – e que promulga dispositivos que regulamentam bens jurídicos já tutelados, a exemplo dos crimes sexuais, caracteriza a **renormalização** (Zaffaroni, 1998, p. 616). Quando trata do tema da criminalização vaga, Winfried Hassemer (1988) menciona o progressivo abandono da proteção de bens jurídicos clássicos e concretos do indivíduo (vida, saúde, liberdade etc.) e a criminalização de bens jurídicos da generalidade, descrições amplas e vagas como a "proteção do bem-estar, da saúde pública, da capacidade de funcionamento dos mercados de capital, do fomento estatal da economia" (Hassemer, 1998, p. 54), além da tipificação de crimes de perigo, com necessidade reduzida de provas.

▇ Fiscalização

Muitas vezes, o Estado procura resolver problemas de arrecadação promulgando leis penais; porém, normalmente tal processo atinge apenas os setores menos favorecidos economicamente. O interesse do direito penal fiscal não é o de prevenir, mas o de **arrecadar**, como afirma Zaffaroni (1998, p. 616). Observamos um exemplo concreto na Lei n. 8.137, de 27 de dezembro de 1990 (Brasil, 1990c), em delitos relacionados ao débito tributário, que, ao ser quitado, extingue sua punibilidade.

▇ Banalização

Tem-se propagado uma prática legislativa que procura incorporar, em quase todas as leis não penais, tipos penais que têm o agravante de serem redigidos por assessores legislativos ou profissionais não especializados na atividade legislativa, os quais não têm o devido cuidado, estão preocupados com outras finalidades e são portadores de outras incumbências. Essas práticas têm sido denominadas de *administrativização*, mas Zaffaroni (1998, p. 616) prefere denominá-las de *banalização do direito penal*. Francesco C. Palazzo (1989) emprega o termo *administrativização*, em direito penal, no trato da política criminal e de mudanças sociais desejadas por intermédio de tipos abertos ou de elementos normativos do tipo (Palazzo, 1989, p. 26).

Assim, quanto mais clara for a lei, mais fácil será seu cumprimento (Hassemer, 1998, p. 22). Ademais, quanto mais discutida por todos os estratos sociais e especialistas do direito, melhor será a legislação penal.

Efeito da sobrecarga legislativa penal na polícia

Sobrecarregando-se a legislação penal, sobrecarregam-se a Justiça, as prisões e, em especial, a polícia. A crítica em geral tem tido grandes expectativas quanto à atuação policial e minimizado o compromisso de outras instituições. A discussão da "luta contra o crime" passa, então, a girar em torno da "ronda policial, o número de policiais, a tecnologia policial etc." (Bacila, 2015b; Lea; Matthews; Young, 1993, p. 28), deixando-se de lado, como frisamos, outras soluções sociais possíveis e mais eficientes.

Como se não bastasse, há normas penais que normalmente são representadas por leis escritas no Estado em que são promulgadas e entram em vigência já apresentando os problemas que descrevemos acima, as quais devem, ainda, ser interpretadas e aplicadas por juízes, advogados, policiais, promotores etc. Surgem daí outros problemas, de que trataremos adiante, derivados da interpretação da lei penal influenciada por estigmas.

IV

Fenômeno da estratificação social no sistema jurídico

A população tende a não acreditar nas instituições públicas. O Estado deveria estar cada vez mais perto da população pobre para atendê-la nas áreas em que ela precisa, bem como onde ela é mais vulnerável ao crime. As pessoas em geral têm de sentir essa proximidade; não basta a circulação de uma viatura ou a construção de um módulo policial. É preciso haver uma estrutura organizada para atender a população.

Conforme bem observam Lea, Matthews e Young (1993, p. 28),

> *Há uma tendência dentro do campo do controle do delito de acentuar o rol da polícia, da Justiça Criminal, do Direito Penal e da prisão. Falando do papel da polícia, comentaristas de todas as ideologias políticas, tanto de direita como de esquerda, têm elevado a uma posição primordial sua função no controle do delito. O compromisso de outras instituições é minimizado, os recursos são destinados de acordo com esta crença, e toda a discussão sobre o controle do delito gira ao redor do êxito ou do fracasso da ronda policial, o número de policiais, a tecnologia policial etc. na luta contra o crime.*

Por outro lado, as pessoas de todos os setores sociais que cometem infrações devem ser punidas, não somente aquelas que pertencem aos setores vulneráveis, como usualmente tem ocorrido, com raras exceções. É necessário estimular os bons cidadãos para resgatar os bons valores à sociedade.

Tenta-se resolver o problema da segurança pública sem ouvir as bases, sem ouvir todas as camadas sociais. Quando somente são ouvidos três ou quatro assessores próximos da cúpula da classe política e "estes assessores nem sempre estão comprometidos com a questão da segurança pública, eles passam informações que muitas vezes não têm a ver com a realidade e só atendem expectativas políticas de seus grupos sociais. Está havendo uma desinformação entre a cúpula e a realidade" (Bacila, 2007).

É preciso humanizar as instituições públicas de maneira geral (polícia, Ministério Público, Poder Judiciário, penitenciárias etc.). É preciso atender bem as vítimas para que elas não fiquem expostas. Atualmente, as vítimas de crimes graves são novamente vitimizadas nas instituições públicas, em razão do mau atendimento e da falta de acompanhamento da situação.

Com isso, a sociedade se sente desamparada, desestimulada e passa a desacreditar nas instituições públicas. Existem dois modelos extremos de segurança, com duas visões radicais. A **política da lei e da ordem**, que pune até quem quebra vidraças e pode acarretar um sistema tirano, que não respeita as mínimas diferenças e que é fundamentado na estética.

O outro sistema é o da **criminologia marxista**, que vê na vítima dos crimes patrimoniais e dos crimes contra a vida um burguês que é atacado por um criminoso que representa o proletariado, que está se revoltando contra o sistema do capital. Nessa visão, há tolerância com os crimes patrimoniais. Valorizam-se os movimentos sociais, que muitas vezes têm reivindicações justas, mas incentiva-se irresponsavelmente a tolerância irrefletida com a prática de crimes.

Haveria, nesse sentido, a tolerância com crimes graves contra a vida e contra o patrimônio das pessoas, porque se adota a visão de um burguês que está sendo atacado (Anitua, 2008). É evidente que o marxismo não deve assumir essa postura de conivência com o delito, que tem sido levada adiante por marxistas de cátedra, mas não de prática. É preciso rever tais posicionamentos.

Assim, a população também deixou de acreditar nas políticas públicas criminais e de levar sua valiosa contribuição aos setores públicos. Quando se aprimora o atendimento e se democratiza a atuação pública, temos outros e melhores resultados. Com o resgate da credibilidade do espaço público, as pessoas passam a confiar e a dar informações que antes estavam ocultas (Bacila, 2007).

A maior causa dos desacertos das políticas públicas é o tratamento desigual das pessoas, em razão dos estigmas que apresentam. Em nosso livro *Criminologia e estigmas: um estudo sobre os preconceitos*, constatamos:

> *O Direito que nega estigmas teria o núcleo de sua atividade legislativa atingindo igualmente a todos, sem carregar de forma pesada a tipificação contra os furtos e roubos da fome e da miséria na qual vivem os pobres, mas vislumbrando a sociedade de forma abrangente, procurando diagnosticar os efetivos interesses de relevância para toda a comunidade que justificam a criminalização primária. Mas mudar somente as regras penais que se fundamentam em estigmas não resolve a questão da aplicação do direito sob a influência de estigmas, pois é preciso ousar mais.* (Bacila, 2015b, 221)

Portanto, um direito sem estigmas é um direito que inclui toda a sociedade e faz de cada pessoa um participante real e potencialmente mais convicto de que a ordem jurídica deve ser respeitada, pois atinge a todos.

V

Transformações produzidas pelo fenômeno da globalização econômica sobre o direito

Em meados do século passado, alterou-se a concepção de que o crime e o criminoso se resumiam a furtos e roubos, estupros e homicídios. A ideia da *white collar criminality* (criminalidade do colarinho branco), apresentada por Edwin H. Sutherland quando este questionou a forma pela qual atuavam as grandes corporações (Castro, 1983, p. 72), não teve como ser refutada. A prática de delitos por pessoas que ocupam altos cargos ou que dirigem as grandes empresas, ao contrário de ser exceção, é realmente generalizada. Para Sutherland (1949), tão criminoso quanto o ladrão comum é aquele que pratica fraudes ou apropriações indébitas no nível executivo ou empresarial. Para o sistema penal, aparecem aqueles criminosos que, para arrebatarem a propriedade alheia, normalmente usam golpes físicos (*v.g.*, furto de carteira na rua), em ações diretas, com pessoas identificáveis, pois chamam a atenção da comunidade local. Porém, no caso das fraudes, as ações são indiretas e, geralmente, não se identificam seus autores (*v.g.*, golpe na bolsa de valores). Assim, no dizer de Sutherland (1949, p. 57),

> *a criminalidade e a quase-criminalidade encontram-se na maioria das ocupações e são muito prevalentes. A gente do mundo dos negócios é provavelmente, neste sentido,*

mais criminosa que a gente das slums[*]. *Os crimes das slums são ações físicas diretas – um golpe, uma luta física e o arrebatamento da propriedade alheia. A vítima identifica definida ou indefinidamente o criminoso com um indivíduo particular ou grupo particular de indivíduos. Por outro lado, os crimes do mundo dos negócios são indiretos, disfarçados, anônimos e impessoais. Sente-se como um vago ressentimento contra o sistema inteiro, mas quando não se podem identificar indivíduos particulares, o antagonismo é vão. Os perpetradores não sentem, assim, o ressentimento de suas vítimas, e as práticas criminosas continuam e se estendem.*

Décadas se passaram e precisamos nos render à visão privilegiada de Sutherland, trazendo à discussão uma nova geração de delitos, como é o caso da **lavagem de dinheiro**. Esse também seria um delito de ações indiretas e dissimuladas, com difícil acesso ao sujeito ativo, que, muitas vezes, acoberta outros crimes do colarinho branco que ele não praticou, mas auxilia a "limpar" o dinheiro "sujo" com a prática de outro crime, no caso, o de lavagem de dinheiro.

O fato é que o delito de lavagem de dinheiro está usualmente associado a poder, a fraudes e a estruturas bem-organizadas e planejadas da sociedade (Gama; Gomes, 1999, p. 224), fatores que dificultam para as autoridades públicas a prevenção e a elucidação de infrações dessa espécie (Gama; Gomes, 1999, p. 225).

Outro aspecto relevante é a facilidade com que o sistema bancário tem absorvido as operações ilegais, não obstante os prejuízos que estas podem causar à estabilidade dos negócios (Gama; Gomes, 1999, p. 226). O ingresso de dinheiro nos bancos pode ocorrer de diversas maneiras, como explicam Guilherme Calmon Nogueira da Gama e Abel Fernandes Gomes (1999, p. 226), desde

---

* O termo *slum*, em geral, é traduzido como "favela".

o depósito constante de pequenas quantias até a abertura de contas-correntes em nome de pessoas jurídicas "fantasmas" ou de operações fictícias de importação e exportação. Gama e Gomes (1999, p. 226) esclarecem:

> As consequências da "lavagem" do dinheiro e sua introdução descontrolada na economia são graves e preocupantes. Podem-se citar a concorrência desleal entre as empresas constituídas com o produto desse capital espúrio em relação às demais, conduzindo à constituição de monopólios e à falência de empresas regulares; a hiper-reação nos mercados financeiros quando ocorrem movimentos especulativos desordenados; impactos sobre a demanda de dinheiro com reflexos nefastos nas taxas de câmbio; e uma série de outros efeitos nefastos a nível macroeconômico.

Com efeito, a regulamentação da lavagem de dinheiro no Brasil ocorreu por intermédio da Lei n. 9.613, de 3 de março de 1998 (Brasil, 1998a). Denominando as infrações de *crimes de lavagem ou ocultação de bens, direitos e valores*, essa lei estabeleceu tipos de ação múltipla, como é o caso do *caput* do art. 1º ("ocultar ou dissimular") ou dos seus parágrafos 1º e 2º, que empregam verbos como os seguintes: "adquire, recebe, troca, negocia, dá ou recebe em garantia, guarda, tem em depósito, movimenta ou transfere" etc. (Bacila, 2001, p. 111, 148).

Assim, na hipótese da prática de uma ou mais das ações previstas no tipo, o crime será somente um, e a pena não poderá ser multiplicada (Bacila, 2001, p. 148), mas tão somente aumentada, eventualmente, sem ultrapassar a pena máxima cominada. Aqui haveria agressão a um único bem jurídico tutelado no tipo, ainda que sob a forma de várias condutas. O princípio vigente, nesse caso, é o da **alternatividade** (Bacila, 2001, p. 148).

Os verbos do tipo principal *ocultar* ou *dissimular*, são considerados sinônimos, mas, de forma sutil, podemos dizer que *ocultar* significa "esconder", "não deixar ver" ou "encobrir" (Ferreira, 1986, p. 1214), enquanto *dissimular* significa "disfarçar" ou "encobrir com astúcia" (Ferreira, 1986, p. 599). Caso não se caracterize o encobrimento do referido bem, a conduta é atípica.

O *caput* do art. 1º, ao fazer a conduta delitiva de "ocultar ou dissimular a natureza, origem, localização, disposição, movimentação ou propriedade" depender de bens, direitos ou valores provenientes, direta ou indiretamente, de infração penal, caracterizou um **delito acessório**. Quem **oculta**, esconde a localização, enquanto quem **dispõe**, transfere, e quem **movimenta**, translada de um lugar para o outro (Souza Netto, 1999, p. 66). A propriedade refere-se ao direito e ao poder de usar, gozar ou dispor da coisa (Pereira, 1995, p. 72).

O objeto material consiste nos **bens**, **direitos** e **valores** que estão ligados aos crimes antecedentes (Souza Netto, 1999, p. 67).

O crime acessório depende da existência de outro delito anterior para sua subsistência, como é o caso, *v.g.*, da **receptação**, prevista no art. 180 do Código Penal (CP), que é acessória em relação ao **furto** (CP, art. 155) (Bacila, 2001, p. 113). Essa observação é importante, pois, na ausência da realização de crimes anteriores, não podemos falar em lavagem de dinheiro.

Antes da redação dada pela Lei n. 12.683, de 9 de julho de 2012 (Brasil, 2012), havia a necessidade da prática prévia de delitos como:

a. **Tráfico de drogas** – Trata-se da Lei n. 11.343, de 23 de agosto de 2006 (Brasil, 2006). Não são todos os tipos da legislação antidrogas, mas somente as figuras que se referem especificamente ao tráfico (Souza Netto, 1999, p. 74), o que excluiria as condutas relacionadas ao simples uso da droga (Reale Júnior, 1992, p. 42).

b. **Terrorismo** – Excetuam-se os delitos previstos na Lei n. 7.170, de 14 de dezembro de 1983 (Brasil, 1983), que são os crimes contra a segurança nacional e contra a ordem política e social.
c. **Tráfico de armas, munições ou material destinado à sua produção** – Refere-se à Lei n. 10.826, de 22 de dezembro de 2003 (Brasil, 2003).
d. **Extorsão mediante sequestro** – Constitui tipo do art. 159 do Código Penal, que é crime considerado hediondo pela Lei n. 8.072, de 25 de julho de 1990 (Brasil, 1990b), em seu art. 1º, inciso IV.
e. **Crimes contra a Administração Pública** – Incluem a exigência, para si ou para outrem, direta ou indiretamente, de qualquer vantagem, como condição ou preço para a prática ou omissão de atos administrativos. Aqui, a lei pretendeu abranger qualquer delito contra a Administração, desde os tipos previstos no Código Penal (art. 312 e ss.), até a legislação especial (*v.g.*, a Lei n. 8.429, de 2 de junho de 1992 (Brasil, 1992).
f. **Crimes contra o sistema financeiro nacional** – A Lei n. 12.683/2012 não manteve os referidos delitos – elencados nos itens de *a* a *e* – como requisito prévio do crime de lavagem de dinheiro e, portanto, tornou qualquer infração penal cujo dinheiro seja "lavado" como suficiente para caracterizar esse delito.

Afinal, tratou-se de cuidar do exaurimento de crimes que afetam a sociedade de forma disseminada (Gama; Gomes, 1992, p. 232). O **exaurimento** é uma fase na qual o agente, após consumar a infração penal, procura tirar proveito do que obteve com ela. Em nossa *Síntese de direito penal*, afirmamos que "O crime está exaurido no momento em que o agente obtém todas as vantagens almejadas, após a prática do delito" (Bacila, 2001, p. 96). Via de regra, trata-se de um momento posterior ao *iter criminis*, que não é punível; excepcionalmente, quando tipificado – como é o caso da tipificação da lavagem de dinheiro –, pode constituir ilícito penal passível de sanção.

O mesmo raciocínio hermenêutico vale para os tipos descritos no art. 1º, parágrafo 1º, da Lei n. 9.613/1998. O objetivo consiste em coibir a tentativa de conferir aparência de legalidade ao provento obtido com os crimes objetos da lei em estudo (Souza Netto, 1999, p. 98). No entanto, o referido parágrafo estabelece um **elemento subjetivo do tipo diverso do dolo (ESTDD)**, que, no caso, é uma **finalidade especial parar agir**, ou seja, "para ocultar ou dissimular a utilização de bens, direitos ou valores provenientes de infração penal" (Brasil, 1998a).

O tipo objetivo é configurado pelas hipóteses delineadas em seguida, nos incisos do parágrafo 1º: "I – os converte em ativos lícitos", isto é, transforma-os em outra figura financeira; "II – os adquire, recebe, troca, negocia, dá ou recebe em garantia, guarda, tem em depósito, movimenta ou transfere"; e "III – importa ou exporta bens com valores não correspondentes aos verdadeiros" (Brasil, 1998a).

Souza Netto (1999, p. 102) explica como ocorre a operação:

> *Sobrevalorizam-se as faturas de entrada até justificar fundos mais tarde depositados em bancos nacionais ou desvalorizam-se as exportações para justificar fundos recebidos do estrangeiro. Além do mais, uma organização pode controlar empresas em diferentes países. [...] Assim, a companhia nacional importa mercadorias daquela situada no estrangeiro, por preço com sobrefatura, depositando a diferença entre o preço real e a sobrevalorização em uma conta no estrangeiro.*

O inciso I do parágrafo 2º do mesmo artigo não exige ESTDD ao prescrever a tipificação para aquele que "utiliza, na atividade econômica ou financeira, bens, direitos ou valores provenientes de infração penal". O inciso II do parágrafo 2º refere-se ao **partícipe**, que é aquele que "participa de grupo, associação ou escritório tendo conhecimento de que sua atividade principal ou secundária é dirigida à prática dos crimes previstos nesta Lei" (Brasil, 1998a), enquadrando-o na mesma pena do tipo.

Imaginamos que, neste último caso, o daquelas pessoas que têm pouco envolvimento com a lavagem de dinheiro, mas que sabem (dolo direto) ou aceitam o risco de que o delito ocorra (dolo eventual), aplica-se, especialmente, o instituto da **delação premiada**, previsto no parágrafo 5º do mesmo artigo da Lei n. 9613/1998, que possibilita a redução da pena, a aplicação do regime ou do substitutivo mais benéfico e até a isenção da pena, a depender da colaboração de autores e partícipes.

Justifica-se essa assertiva em razão da pouca participação e da quase total submissão que ocorre para alguns envolvidos, devendo estes, desde que comprovada a efetiva vontade de auxiliar com a elucidação do crime, receber tal benefício. Sem embargo, é claro que um dos motivos da existência do instituto da delação premiada na lei deve-se à dificuldade da investigação de crimes dessa natureza, que se inserem na categoria de *white collar crime* e que carecem de testemunhas dispostas a colaborar espontaneamente ou de informações suficientes para a caracterização de toda a rede que opera na lavagem de dinheiro. Enfim, os artifícios empregados para, não raras vezes, obter grande rendimento requerem o máximo de recursos tecnológicos e legais, sem atingir os direitos fundamentais dos suspeitos e envolvidos.

Contudo, a preocupação não pode deixar de surgir quando o legislador prescreve um dispositivo como o do parágrafo 3º do mesmo art. 1º: "A tentativa é punida nos termos do parágrafo único do artigo 14 do Código Penal". A questão primordial está na Parte Geral do Código Penal, que determina, em seu art. 12, que as "regras gerais deste Código aplicam-se aos fatos incriminados por lei especial, se esta não dispuser de modo diverso" (Brasil, 1940). Logo, por que a lei repete a regra da tentativa, que já seria aplicada automaticamente conforme o Código Penal? Certamente, o princípio hermenêutico no sentido de que "a lei não contém palavras inúteis" e de que a repetição teria uma finalidade de "lembrete" não estava na mente do legislador, pois este tem ferido constantemente os mais simples princípios de direito penal.

Atualmente, a lavagem de dinheiro não é utilizada somente pelo "colarinho branco", mas também por outras organizações criminosas, como é o caso daquelas que se infiltram nos presídios, aproveitando-se da subcultura existente naqueles locais. A recente Lei n. 12.850, de 2 de agosto de 2013 (Brasil, 2013), no seu art. 1º, parágrafo 1º, definiu **organização criminosa** como:

> *Art. 1º [...]*
>
> *§ 1º [...] a associação de 4 (quatro) ou mais pessoas estruturalmente ordenada e caracterizada pela divisão de tarefas, ainda que informalmente, com objetivo de obter, direta ou indiretamente, vantagem de qualquer natureza, mediante a prática de infrações penais cujas penas máximas sejam superiores a 4 (quatro) anos, ou que sejam de caráter transnacional [, estabelecendo pena de três a oito anos de reclusão e multa].* (Brasil, 2013)

Na prática, vemos que, com esse conceito, as organizações criminosas estão inseridas em múltiplos setores sociais, como agressoras de variados bens jurídicos.

VI

Introdução crítica ao direito penal brasileiro

É uma grave ilusão acreditar que um sistema puro de direito penal é capaz de resolver os problemas da realidade social. Muitas vezes, a realidade das ruas ignora as leis, e o profissional que estuda e trabalha no sistema penal deve reconhecer as limitações desse importante, mas muitas vezes manipulado, ramo do direito público.

6.1 Direito penal: crítica introdutória

É claro que devemos compreender os institutos de direito penal, mas sempre tendo em vista o que pode ser útil, benéfico e humano para nossa sociedade. Esse é um dos motivos para realizarmos o estudo conjunto da sociologia do crime e do direito penal. Por outro lado, não pretendemos misturar as duas áreas ou reduzir o direito penal à sociologia. Contudo, de igual gravidade seria o estudo isolado do direito penal, como se as normas e os princípios a ele atinentes pudessem solucionar todos os graves problemas que envolvem a criminalidade.

Se, por um lado, sempre se sustentou que a principal finalidade do direito penal é a **defesa de bens jurídicos**, por outro, com mais modéstia, precisamos reconhecer que um grande passo seria a **proteção do ser humano contra arbítrios praticados contra si**, em nome da atuação estatal contra o crime. Afinal, o poder na mão dos humanos se mostra uma arma ambígua e habitualmente injusta. Em outros termos, sem controle para o poder, o resultado é o que historicamente conhecemos.

Nesse sentido, voltemos à humildade de aprender com todos os integrantes do sistema penal: professores, filósofos, juízes, advogados, promotores, sociólogos, policiais, presos, familiares etc.; enfim, com todas essas pessoas podemos aprender algo sobre a matéria ora em estudo. No entanto, lembremos que nada tem sentido sem nexo com a realidade. Profissionais que atuam longe das pessoas e dos fatos não são profissionais, mas propagadores de abstrações inférteis. Para evitar essa armadilha teórica, recomendamos exaustivas pesquisas de campo para aqueles que desejam aprofundar-se nos estudos relacionados ao sistema penal*.

Ditas essas palavras iniciais, cabe-nos esclarecer que o direito penal, como ciência no sentido de sistematização de princípios e coerência lógica, surgiu juntamente com a **Escola Clássica**, a qual analisamos anteriormente. Antes de Beccaria, Carrara e dos demais autores da referida corrente, o direito penal era casuístico. Porém, desde seu surgimento, o direito penal herdou problemas que não foi capaz de resolver com o Iluminismo.

Se remontarmos à história do crime, sempre veremos perigos e emergências aos quais o direito penal se lançou na missão heroica de combater. Talvez o direito penal não tenha a tarefa impossível de acabar com o crime, mas a de estabelecer limites do tolerável para a punição, dentro do âmbito atual de reconhecimento dos direitos humanos. Quiçá reconheçamos também a tarefa heroica de

---

* Propomos o binômio *leitura* e *pesquisa de campo* no livro *Nos bastidores da sala de aula* (Bacila, 2014), mais especificamente no capítulo "Como se faz uma tese" (p. 233-243).

proteção de bens jurídicos, de maneira auxiliar e subsidiária a todos os outros ramos sociais, o que convencionamos chamar de **princípio da subsidiariedade**, o qual também já examinamos.

A seguir, veremos alguns apontamentos clássicos sobre o direito penal, bem como retomaremos alguns princípios de forma resumida.

6.2 Conceito, características e princípios do direito penal

O direito penal é o ramo da ciência jurídica que tem como objeto o estudo das normas penais e de seus princípios.

De forma resumida, descrevemos a seguir as principais características e os princípios do direito penal são as seguintes:

a. **Público** – É ramo do **direito público**, que trata de direitos e deveres indisponíveis e de interesse coletivo.

b. **Sancionador** – Regulamenta condutas que nenhum outro ramo do direito conseguiria resolver de forma satisfatória e o faz por meio da **sanção penal**.

c. **Fragmentário** – Tutela apenas **parcialmente** os bens jurídicos (vida, patrimônio, honra, entre outros). Por exemplo: o direito civil tutela a indenização devida pela prática do crime de lesão corporal, que causa prejuízos à vítima.

d. **Subsidiário** – A sanção penal é tão grave (perda da liberdade etc.), que o direito penal somente deve ocupar-se de ilícitos que nenhum outro ramo do direito conseguiu resolver, os quais também devem ser relevantes. Essa característica também é conhecida como **princípio da subsidiariedade**, ou seja, o direito penal é a *ultima ratio* e é complementado pelo caráter fragmentário mencionado anteriormente. Conforme observamos no livro *Criminologia e estigmas: um estudo sobre os preconceitos* (Bacila, 2015b, grifo nosso), *o Direito Criminal só deveria funcionar quando falhassem outros meios de solução de problemas das comunidades. Assim, coisas rotineiras como a ausência do empregado ao trabalho ou a falta de pagamento de aluguéis pode se resolver, no plano jurídico, mediante sanção trabalhista (desconto de salário) ou sanção civil (despejo ou execução da dívida), respectivamente, não sendo mister que o Direito Penal descreva tais condutas como criminosas. Melhor ainda: que os conflitos se resolvam com diálogo e ações ou com a denominada* **sanção prêmio***: estabelecer prêmios para aqueles que atingem metas muito boas. Essas precauções têm razão de ser, afinal, o Direito Criminal possui como sanção a pena, que é medida extremamente grave: restrição de direitos, prisão, morte. Só que esse jogo criado inocentemente pelos nossos ancestrais, vai escapar totalmente do nosso controle. Por isso, como precaução, não devem constituir crimes aquelas condutas inofensivas ou que podem ser solucionadas de outras maneiras.**

e. **Princípio da lesividade** – Somente devem ser elaboradas leis penais que estabelecem tipos e respectivas sanções para condutas que lesam – ou seja, causam danos a – bens jurídicos, mas nunca para condutas inofensivas. Por exemplo: não se pode tornar crime a conduta de A chegar atrasado à sala de aula, porque a ação é inofensiva socialmente.

f. **Princípio da culpabilidade** – A responsabilidade penal somente pode ser atribuída a quem tenha atuado, no crime, com pelo menos um mínimo de vínculo psíquico, isto é, com dolo ou culpa.

g. **Princípio da legalidade** (abordaremos esse princípio adiante).

A seguir, veremos outros temas relevantes estudados pela doutrina e que afetam o direito penal.

---

* Nesse sentido, veja também: Roxin (1997, p. 65).

6.3 Finalidade e fontes do direito penal

A finalidade do direito penal é a **defesa de bens jurídicos**. Bens jurídicos são bens de relevância social, como a vida humana.

As fontes do direito penal são divididas em materiais e formais:

a. **Fontes materiais (substanciais ou de produção)**

Respondem à pergunta: "De onde surge o direito penal?". Ele surge do Estado (**fonte de produção**), ou seja, somente o Estado tem legitimidade para editar leis penais. Logo, produz as leis, que são as principais normas criminais.

Por outro lado, os costumes, a moral, a religião, as necessidades econômicas, políticas, filosóficas e outras perspectivas sociais são as **fontes substanciais ou materiais remotas** que fundamentam a produção da norma penal.

b. **Fontes formais (de conhecimento ou de cognição)**

Respondem à pergunta: "**Como** surge o direito penal?". "De que forma se exterioriza o direito penal?". Essas fontes subdividem-se em:

» **Principais ou imediatas** – São as leis.
» **Secundárias ou mediatas** – São os costumes e os princípios gerais do direito.

Observação: as fontes secundárias somente são utilizadas de maneira subsidiária à lei e nos casos de omissão da lei e para beneficiar o réu, bem como para interpretar a lei.

6.4 Direito penal objetivo e direito penal subjetivo

O direito penal é classificado em um aspecto objetivo e outro subjetivo.

a. **Objetivo** – São as leis penais escritas e vigentes.
b. **Subjetivo** – É o direito que o Estado tem de punir a pessoa que praticou o crime, com base nas normas penais (*jus puniendi*).

Conforme essa classificação, o crime de homicídio, previsto no art. 121 do Código Penal (CP), que estabelece "matar alguém – pena de 6 a 20 anos", seria o direito penal objetivo. De outro lado, o Estado tem o direito de punir a pessoa que pratica esse delito, o que caracteriza o direito penal subjetivo.

6.5 Método científico

O método utilizado pelo cientista penal é o **técnico-jurídico** (lógico-abstrato, dogmático), com base na racionalidade (análises, deduções etc.). O direito é considerado uma ciência cultural, e a norma jurídica, um **juízo hipotético do dever ser**.

Portanto, ele se contrapõe ao método experimental de ciências como a biologia e a química.

6.6 Relações do direito penal com as principais disciplinas

As relações do direito penal com as principais disciplinas se estabelecem, em suma, da seguinte forma:
a. **Filosofia jurídica** – Com base nela, o direito penal pesquisa as verdades universais (a noção de erro, causa etc.).
b. **Teoria geral do direito** – O ordenamento jurídico é apenas um, porquanto científico. Os conceitos gerais do direito

também são utilizados pelo direito penal e absorvidos da teoria geral do direito.
c. **Sociologia jurídica** – O direito está inserido na sociedade e, por isso, não é um ente isolado. O direito penal, em especial, deve estar voltado para a realidade social.
d. **Direito constitucional** – Estabelece os princípios básicos da organização do Estado e os princípios do direito penal. As normas penais não podem contradizer as normas constitucionais.
e. **Direito administrativo** – Em alguns aspectos, a execução da pena é uma função administrativa; por outro lado, a chamada *norma penal em branco* é complementada por uma norma administrativa. Um exemplo de norma penal em branco nos é fornecido pela Lei de Drogas, assunto que explicaremos mais adiante.
f. **Processo penal** – Como se apura se realmente ocorreu um crime? Existe uma forma específica de constatar se houve crime? Conforme o brilhante conceito de Paulo Rangel (2013, p. 515),

> *O Processo Penal, enquanto instrumento de efetivação das garantias constitucionais, é uma segurança do cidadão de que, uma vez acusado da prática de um crime, serão assegurados a ele todos os mecanismos de proteção contra atos arbitrários por parte do Estado, pois seu* status *de não culpabilidade se mantém intacto, enquanto não houver sentença penal condenatória transitada em julgado. Logo, diferente do que se possa pensar, a instauração de um processo criminal é a certeza que o indivíduo tem de que seus direitos serão respeitados. Imaginem o indivíduo ser acusado de cometer um crime hoje, e hoje mesmo o Estado puni-lo! Seria o caos no seio da sociedade.*

g. **Criminologia** – Fornece subsídios para que o direito penal tenha referenciais no trato da realidade social. O direito penal sem a criminologia é como um barco sem tripulação: está fadado a se encontrar com as rochas... Na obra *Criminologia e estigmas*, ponderamos:

> *Diante disso, faz-se mister evidenciar o lado social da norma jurídica, procurando conhecer mais de perto a realidade do que se pretende interpretar. É preciso, pois, descobrir o verdadeiro sentido da regra positiva. E mais: é necessário verificar o quanto o intérprete está imerso no objeto que analisa e o quanto há de armadilha nesse universo em tela. Mas, principalmente, é imperativo registrar o quanto o elaborador das normas está corrompido pelas sombras dos estigmas.* (Bacila, 2015b, p. 16)

Para um aprofundamento no estudo da criminologia, sugerimos a leitura de nossa obra *Criminologia e estigmas: um estudo sobre os preconceitos* (Bacila, 2015b).

6.7 A norma e a lei penal

A **norma penal** é composta por um **preceito primário** e uma **sanção (preceito secundário)**. A norma pode se manifestar por meio da lei, dos costumes, dos princípios gerais do direito etc., embora, em nosso sistema jurídico, esteja mais vinculada à lei.

No crime de homicídio, por exemplo, disposto no art. 121 do Código Penal, a proposição "matar alguém: pena – reclusão, de seis a vinte anos" representa a lei (que é escrita e formal). A norma, nesse caso, é o comando de "não matar", e a sanção consiste na pena cominada (prevista).

A norma é o **espírito**, e a lei, o **corpo**.

Princípio da legalidade (reserva legal)

Segundo o princípio da legalidade, inscrito no art. 1º do Código Penal, "Não há crime sem lei anterior que o defina. Não há pena sem prévia cominação legal" (Brasil, 1940).

Claus Roxin (1997, p. 140-141) anota quatro consequências (tradicionalmente enunciadas) do princípio da legalidade:

> *A proibição de analogia (*nullum crimen, nulla poena sine lege stricta*); a proibição de direito consuetudinário para fundamentar e agravar a pena (*nullum crimen, nulla poena sine lege scripta*); a proibição de retroatividade (*nullum crimen, nulla poena sine lege praevia*); e a proibição de leis penais e penas indeterminadas (*nullum crimen, nulla poena sine lege certa*).*

É a fórmula do *nullum crimen, nulla poena sine lege*, criada por Ludwig Feuerbach (1804-1872), que também implica o **princípio da anterioridade da lei penal**. O princípio da legalidade é um princípio constitucional, previsto no ar. 5º, inciso XXXIX, da Constituição Federal: "não há crime sem lei anterior que o defina, nem pena sem prévia cominação legal" (Brasil, 1988).

O princípio da legalidade somente garante a democracia no direito penal se estiver acompanhado do **princípio da tipicidade**, segundo o qual a conduta proibida deve estar descrita com a precisão do tipo. Assim, o princípio da tipicidade está implícito no princípio da legalidade.

Norma penal em branco

Esta é a norma cujo tipo penal necessita ser complementado por outra norma (lei, decreto, regulamento etc.). Existem duas espécies de norma penal em branco:

1. **Em sentido estrito** – A norma complementar provém de uma categoria diversa do tipo penal principal. Por exemplo: o art. 33 da Lei de Drogas, que é uma **lei federal** (Lei n. 11.343, de 23 de agosto de 2006 – Brasil, 2006), estabelece que as substâncias consideradas como *drogas* serão descritas em uma **portaria** (Portaria n. 344, de 12 de maio de 1998 –Brasil, 1998b) do Serviço Nacional de Fiscalização da Medicina e Farmácia, do Ministério da Saúde. Sobre a Lei de Drogas, comentamos o seguinte, juntamente com o professor Paulo Rangel (Bacila; Rangel, 2015, p. 97, grifo do original):

   > *Por constituir* **norma penal em branco** *(em sentido estrito), o tipo necessita da complementação de regulamentação do Poder Executivo sobre as substâncias consideradas matéria-prima, insumo ou produto químico destinado à preparação de drogas. Qual é a norma que regulamenta tais substâncias? É a Portaria SVS/MS 344, de 12 de maio de 1998.*

2. **Em sentido amplo** – A complementação do tipo penal principal provém do mesmo nível normativo. Por exemplo: o conceito de **funcionário público**, do qual se necessita para caracterizar o **peculato** (CP, art. 312), é previsto no art. 327 do Código Penal. Logo, a complementação do tipo previsto no art. 312 é realizada pelo mesmo código, que também é **lei federal**.

Outros exemplos de norma penal em branco se encontram em nosso livro *Comentários penais e processuais penais à Lei de Drogas* (Bacila; Rangel, 2015).

■ Interpretação analógica e analogia integradora

A denominada *analogia integradora* (ou simplesmente *analogia*), ou seja, a criação de tipos e o aumento de penas por casos semelhantes, é vedada no direito penal (veja o que mencionamos antes sobre o princípio da legalidade).

Entretanto, a chamada *interpretação analógica* – que alguns autores entendem tratar-se de espécie de interpretação extensiva, com certa razão – é perfeitamente viável e ocorre em duas hipóteses:

1. **Quando a lei determina** – Por exemplo: o art. 71 do Código Penal utiliza a expressão "e outras semelhantes".
2. **Em favor do réu** (analogia *in bonam partem*).

Dito isso, passamos ao exame de como a lei penal se comporta no tempo, ou seja, conforme o momento em que o crime é praticado.

6.8 Lei penal no tempo

Agora, veremos os princípios relacionados à lei penal quando ela retroage para atingir um caso praticado anteriormente à sua vigência, bem como quando continua a regulamentar outro caso ocorrido sob sua vigência.

■ Irretroatividade da lei penal mais severa

O princípio da irretroatividade da lei penal mais severa encontra base legal no art. 1º do Código Penal e no art. 5º, inciso XL, da Constituição Federal, que estabelece: "a lei penal não retroagirá, salvo para beneficiar o réu" (Brasil, 1988). Logo, ocorrerá a chamada *ultratividade* da lei anterior mais benigna (*lex mitior*).

Ultratividade da lei mais favorável

Os casos de ultratividade da lei mais favorável são os seguintes:

a. **A lei posterior ao fato institui um novo tipo penal** (*novatio legis* incriminadora) – Por exemplo: tipifica novamente o crime de adultério.

b. **A lei posterior agrava, de qualquer maneira, o tipo penal ou a pena** (*reformatio in pejus*) – Por exemplo: aumenta a pena do homicídio qualificado.

Assim, nesses casos de aumento de pena ou de criação de um novo tipo penal, a lei não pode retroagir para atingir casos anteriores.

Retroatividade da lei penal mais favorável

A regra da retroatividade da lei penal mais favorável fundamenta-se no art. 5º, inciso XL, da Constituição Federal e no art. 2º do Código Penal, que determina:

> Art. 2º Ninguém pode ser punido por fato que lei posterior deixa de considerar crime, cessando em virtude dela a execução e os efeitos penais da sentença condenatória.
> Parágrafo único. A lei posterior, que de qualquer modo favorecer o agente, aplica-se aos fatos anteriores, ainda que decididos por sentença condenatória transitada em julgado (Brasil, 1940).

São os seguintes os casos de retroatividade da lei penal mais favorável:

a. **Deixa de considerar típico o fato praticado** (*abolitio criminis*) – Por exemplo: a lei deixa de considerar o adultério como crime.

b. **De qualquer forma, é mais favorável** (*novatio legis in mellius*) – Por exemplo: institui um regime mais brando para o início do cumprimento da pena.

O art. 2º, *caput*, do Código Penal trata da *abolitio criminis*: "Ninguém pode ser punido por fato que lei posterior deixa de considerar crime, cessando em virtude dela a execução e os efeitos penais da sentença condenatória" (Brasil, 1940). Por outro lado, o parágrafo único do mesmo artigo trata da *lex mitior*: "A lei posterior, que de qualquer modo favorecer o agente, aplica-se aos fatos anteriores, ainda que decididos por sentença condenatória transitada em julgado" (Brasil, 1940).

Leis temporárias e leis excepcionais

Merecem nossa atenção as seguintes espécies de leis:
a. **Lei temporária** – É a lei que autodetermina seu tempo ou prazo de vigência. Por exemplo: uma lei determina que "esta lei terá a vigência de 15 dias".
b. **Lei excepcional** – A lei terá vigência enquanto perdurar a crise em função da qual foi elaborada. Por exemplo: "esta lei terá vigência enquanto durar a guerra civil".

A consequência jurídica das leis temporárias e excepcionais é a seguinte: essas leis apresentam **ultratividade**, ou seja, mesmo que posteriormente surjam leis mais favoráveis para a conduta descrita, será aplicada a lei excepcional ou temporária para os atos praticados na vigência destas.

A fundamentação jurídica se encontra no art. 3º do Código Penal: "A lei excepcional ou temporária, embora decorrido o período de sua duração ou cessadas as circunstâncias que a determinaram, aplica-se ao fato praticado durante a sua vigência" (Brasil, 1940).

▪ Conjugação de leis

Na sucessão de leis que em parte beneficiam o réu e em parte o prejudicam, não é permitido ao juiz utilizar a parte benéfica de uma lei e parte de outra lei.

Na opinião de grande parte da doutrina, a combinação de leis feriria o princípio constitucional da **independência harmônica entre os Poderes** (art. 2º da Constituição Federal), pois o Judiciário estaria realizando atividade legislativa. A Súmula 501 do Superior Tribunal de Justiça (STJ) estabelece que, para a Lei de Drogas, é proibida ou vedada a combinação de leis, o que pode ser um indicativo de que os tribunais superiores não aceitam a mistura de leis favoráveis e contrárias (Rangel; Bacila, 2015, p. 113).

6.9 Resolução de conflito aparente de normas

Se duas ou mais normas incidirem sobre uma única conduta, o intérprete aplicará os **quatro princípios** descritos adiante para saber exatamente qual norma deverá ser aplicada ao caso. Isso se deve ao fato de que, por uma questão de justiça, via de regra, uma conduta não pode ser punida mais de uma vez (*ne bis in idem*).

▪ Princípio da especialidade

A norma especial predomina sobre a geral; a norma especial é a norma geral com detalhes. Por exemplo: o **infanticídio** – que é a conduta de matar, sob a influência do estado puerperal, o próprio filho, durante o parto ou logo após (CP, art. 123) – é especial em relação ao **homicídio** – que é o tipo de matar alguém (CP, art. 121). Outro exemplo é o roubo, que é especial em relação ao furto.

Princípio da consunção (ou absorção)

Ocorre quando um tipo penal é meio para a realização de outro tipo (fim) ou quando a realização de um tipo mais grave inclui a realização de um tipo menos grave. Por exemplo: para a realização do tipo de **homicídio**, exige-se, necessariamente, a passagem pelo tipo (meio) de **lesões corporais**; assim, o tipo de homicídio absorve o de lesões corporais.

Princípio da subsidiariedade

A norma principal derroga a subsidiária. Por exemplo: o tipo "expor a vida ou a saúde de outrem a perigo direto e iminente" (CP, art. 132) é subsidiário ao **homicídio** e à **lesão corporal**, que são principais. Os tipos principais ampliam a esfera de proteção dos bens jurídicos.

Princípio da alternatividade

Ocorre no **crime de ação múltipla**, que apresenta mais de um verbo na descrição típica. Juntamente com o professor Paulo Rangel, assim exemplificamos o assunto:

> *ainda que o agente pratique mais de uma ação descrita no tipo através dos verbos, somente responde por um crime. Assim, se o agente adquire a droga, traz consigo e a guarda, praticando três verbos, responde somente por uma pena prevista para o tipo, pois, caso contrário, estar-se-ia punindo mais de uma vez por lesão ou perigo de lesão a um único bem jurídico, ferindo-se o princípio ne bis in idem.* (Bacila; Rangel, 2015, p. 75-76)

Para um aprofundamento sobre a aplicação desses princípios especificamente em relação à Lei de Drogas, sugerimos a leitura de nossa obra *Comentários penais e processuais penais à Lei de Drogas* (Bacila; Rangel, 2015).

VII

Neste capítulo, trataremos do mais importante conceito do direito penal: o de crime.

7.1 Crime

Crime é uma palavra especial para a ciência penal. Assim, para entendermos o direito penal, precisamos entender o conceito de crime. Analisaremos três desses conceitos, mas somente um deles nos permite a análise e a resolução de casos concretos.

Conceito formal

Em seu conceito formal, **crime é toda a ação humana que a lei proíbe, sob a ameaça de uma pena**.

Essa é uma forma de dizer algo sobre o crime, mas não há conteúdo e ela não explica nada, embora tal conceito seja solicitado em provas universitárias e em concursos públicos.

Conceito material

Conforme o conceito material, **crime é uma ação humana que agride um bem jurídico, tutelado pela lei penal.**

São exemplos de bens jurídicos:

- » **Vida humana** – É protegida pela criminalização do homicídio e do infanticídio.
- » **Patrimônio** – É protegido pela criminalização da apropriação indébita e do furto.
- » **Saúde pública** – É protegida pela criminalização do tráfico de drogas*.
- » **Liberdade pessoal** – É protegida pela criminalização do sequestro.

No que concerne à importância do conceito material, devemos considerar os seguintes aspectos:

a. Caracteriza a essência do crime (aspecto ontológico).

b. Implica que a norma criminal deve ter relação com a realidade social.

c. Quando se diz que o bem jurídico é um interesse social, assinala-se que a norma penal somente poderá criminalizar condutas que agridam tais bens; o legislador ensina como deve ser aplicada a lei penal (padrão legislativo).

No entanto, temos ainda uma crítica a esse conceito, que se deve ao fato de ser amplo demais para o engenho do jurista, além de não oferecer fórmulas científicas.

---

* Sobre o assunto *tráfico de drogas*, veja: Bacila; Rangel (2015).

Conceito analítico

O conceito analítico tem a finalidade de **analisar todas as espécies previstas de crimes**, seja na Parte Especial do Código Penal (art. 121 e ss.), seja na legislação especial (leis específicas que apresentam regras que não constam deste), sem exceção. Por esse motivo, é um **conceito científico**, podendo ser utilizado, em qualquer situação, para verificar se determinada conduta é ou não crime e em que grau. Analisa o crime (conceito analítico), os elementos do crime, ou o crime "em partes", para compreendê-lo melhor.

Entretanto, esse entendimento não implica afirmarmos que um carro possa existir como tal, se todo desmontado – uma vez que o crime é inteiro, uno –, mas com tal conceito será mais fácil entendermos seu funcionamento, estudando "peça por peça", ou seja, o crime fracionado.

Segundo o conceito analítico, o crime é uma **ação** (conduta humana de fazer ou omitir) **típica** (descrita em lei), **antijurídica** (contrária ao direito) e **culpável** (o agente merece censura, reprovação do direito).

Assim, alguns autores, como nós, conceituam o crime como uma **ação típica, antijurídica e culpável**. Contudo, há outras formas de conceituar analiticamente o delito: ação típica e antijurídica; ação típica e censurável; e ação típica, antijurídica, culpável e punível.

A diferença entre um e outro estudioso do direito penal está na profundidade com a qual ele conhece o conceito analítico de crime.

Analisemos, então, os **elementos** do conceito analítico de crime.

7.2 Ação

O conceito de ação foi formulado pela primeira vez como a "pedra básica do sistema do delito", no manual de Albert Friedrich Berner, em 1857 (Roxin, 1997).

■ **Teoria finalista**

Segundo Hans Welzel (1956), a ação é composta por uma **vontade dirigida a um fim**, bem como por **sua manifestação** (exteriorização física). Por exemplo: F deseja (vontade) matar C (finalidade) e atira contra ela, efetivamente matando-a (exteriorização).

Nesse contexto, os crimes podem ser comissivos ou omissivos:
a. **Crime comissivo** – A lei prevê uma ação em sentido estrito (**fazer**).
b. **Crime omissivo próprio** – A lei prevê um **não fazer**, uma omissão pura que integra o tipo, independentemente de ser ou não necessária a atuação do agente. O tipo é previsto especificamente na Parte Especial do Código Penal ou na legislação especial, daí porque se denomina *próprio*, isto é, tem um tipo somente omissivo. Como exemplos, podemos citar os arts. 135 (omissão de socorro) e 269 (omissão de notificação de doença) do Código Penal.
c. **Crime omissivo impróprio** – O agente tem o dever de impedir a consequência lesiva (dever de garantidor). Por exemplo: uma enfermeira deixa de ministrar remédio vital ao paciente, que vem a morrer. Os tipos omissivos impróprios constam no art. 13, parágrafo 2°, do Código Penal, que estabelece:

> Art. 13. [...]
> § 2º A omissão é penalmente relevante quando o omitente devia e podia agir para evitar o resultado. O dever de agir incumbe a quem:
> a) tenha por lei obrigação de cuidado, proteção ou vigilância;
> b) de outra forma, assumiu a responsabilidade de impedir o resultado; [...]
> c) com seu comportamento anterior, criou o risco da ocorrência do resultado (Brasil, 1940).

Aqui, apresentamos um exemplo que mostra as diferenças entre as condutas que descrevemos: A joga C em um poço com a finalidade de matá-la (crime comissivo), e um estranho, R, passa por ali e percebe que a garota precisa de socorro, mas a abandona (crime omissivo próprio – CP, art. 135). Finalmente a mãe da vítima, F, também percebe que sua filha precisa de socorro, mas igualmente a abandona. Supondo que a vítima C venha efetivamente a morrer, teremos as seguintes condutas: A praticou um **crime comissivo** de **homicídio doloso** (CP, art. 121, § 2º), F praticou o mesmo tipo de A (CP, art. 121, § 2º), caracterizando-se um **crime omissivo impróprio**, enquanto R, que não tem o dever de garantidor, cometeu um **crime omissivo próprio** (CP, art. 135).

Outras teorias relevantes

Tratamos da teoria finalista da ação, formulada principalmente por Hans Welzel (1956). A seguir, veremos outras teorias relevantes sobre a ação.

Teoria causal (naturalista)

Para a teoria causalista, a ação é a **conduta voluntária** que causa uma **modificação no mundo exterior** (resultado). Considera-se que a vontade, para o causalismo, é a mínima necessária para impulsionar o indivíduo.

Para caracterizarmos as diferenças entre as escolas causalista e finalista, vejamos o caso de F, que quer matar C e dispara um revólver contra ela:

a. Para a teoria finalista, a **vontade** de F era de disparar o revólver para acertar C e matá-la.
b. Por outro lado, para a teoria causalista, a **vontade** de F era de movimentar o dedo que estava encostado no gatilho – quando muito, de disparar a arma.

Como conclusão, temos que a vontade, na teoria finalista, é completa, ou seja, tem uma visão do fim proposto. É um "querer que vê" (acertar e matar C). Para o causalismo, a vontade é "cega", contrária à natureza humana e muito limitada (apenas movimentar o dedo).

Teoria social da ação

Para a teoria social da ação, ação é o comportamento humano socialmente relevante (Jescheck*). Essa teoria também adota a estrutura do conceito analítico de crime – ora preponderando a ideia finalista, ora a causalista.

Como crítica a essa teoria, temos a dificuldade de considerar o que é socialmente relevante.

Teoria personalista

Segundo a teoria personalista adotada por Claus Roxin (1997), a ação é a "manifestação da personalidade".

---

* Hans-Heinrich Jescheck, penalista alemão.

Teoria da evitabilidade individual

Para Günther Jakobs (1995), a **ação** (no sentido estrito de **fazer**) é a causação evitável do resultado, e a **omissão** significa deixar de se evitar um resultado evitável.

Teoria finalista em relação às demais teorias

A teoria finalista da ação sempre foi considerada vantajosa no estudo do crime em relação às demais, pois inclui a **finalidade** (que existe em todo comportamento humano) no conceito de ação, ou seja, caracteriza a ação humana como ela é – por isso, é ontológica. As outras teorias da ação teriam criado um **conceito artificial** de ação, na tentativa (igualmente artificial) de solucionar questões sociais relacionadas ao conceito de crime – postura denominada *normativista* ou *neokantista* –, porque pretenderiam adotar um conceito jurídico-normativo – de um fato que é "real" (ação), mas que não pode ser "inventado" pelo direito.

Atualmente, os teóricos reconhecem que uma das conquistas mais nítidas da teoria finalista da ação foi a transferência do dolo e da culpa, da culpabilidade para o tipo. Há até mesmo aqueles que entendem que o dolo e a culpa podem ser estudados em todos os elementos do conceito analítico de crime (tipo, antijuridicidade e culpabilidade).

Quando examinarmos o conceito de tipo, explicaremos por que o estudo da teoria da imputação objetiva demonstrou-se muito útil para resolver casos concretos.

O leitor pode encontrar esse importante assunto, atualmente muito requisitado em concursos públicos e especialmente importante para resolver casos concretos, em nosso livro *Teoria da imputação objetiva no direito penal* (Bacila, 2011).

7.3 Relação de causalidade

Há crimes nos quais temos um **resultado natural**, como ocorre no aborto, em que esse resultado é a morte do feto (CP, arts. 124 e 125), ou no homicídio, cujo resultado é a morte da vítima.

Nesses casos, devemos estabelecer um **nexo** (uma ligação, um vínculo) entre a **conduta do criminoso** e o **acontecimento** (resultado). Essa é a relação de causalidade.

■ Teoria da equivalência das condições

A teoria que melhor resolveu a questão jurídica da causalidade foi a teoria da equivalência das condições, também conhecida por *conditio sine qua non*.

Segundo essa teoria, **causa** é qualquer das condições necessárias para a produção do resultado. A causa equivale, pois, à **condição**.

Nessa teoria, temos o **processo hipotético de eliminação**. Para que se determine se o sujeito causou ou não o resultado, elimina-se mentalmente sua ação (condição). Então, pode ocorrer uma das seguintes hipóteses:

a. Se o resultado desaparecer – como ocorreu –, considera-se que o sujeito causou o evento.

b. Se, mesmo com a eliminação mental da sua atuação, o resultado permanecer, considera-se que o sujeito não causou o evento.

O Código Penal adotou a teoria da equivalência das condições em seu art. 13: "O resultado, de que depende a existência do crime, somente é imputável a quem lhe deu causa. Considera-se causa a ação ou omissão sem a qual o resultado não teria ocorrido" (Brasil, 1940). Com isso, F somente responde pela morte (resultado) que tenha **causado** a C.

Para complementação do estudo sobre esse tema, sugerimos a leitura do nosso livro *Teoria da imputação objetiva no direito penal* (Bacila, 2011).

7.4 Tipo

O tipo é a exata descrição objetiva e subjetiva da conduta proibida pela lei penal. Analisemos, na sequência, os principais detalhes do tipo.

■ Tipicidade e atipicidade

Conforme vimos, o crime é uma ação típica, antijurídica e culpável.

A expressão *ação típica*, assim como os termos *tipicidade*, *atipia* e *atípico*, vem de **tipo**, que é a descrição exata da conduta proibida pela lei penal. Podemos citar como exemplo o tipo de **furto**: "subtrair, para si ou para outrem, coisa alheia móvel" (CP, art. 155). Devemos observar que o tipo é um modelo, um molde, uma fórmula para que possamos dizer que uma conduta é crime.

Por outro lado, as condutas que não se adéquam exatamente ao texto da lei penal, não são típicas e, portanto, não configuram crime.

A correspondência perfeita do **fato** – ou seja, a subtração realizada por F – com o **tipo** – "subtrair, para si ou para outrem, coisa alheia móvel" – denomina-se *tipicidade*.

A inexistência de tipicidade na conduta, por sua vez, denomina-se *atipicidade*.

Portanto, se F subtrair um objeto próprio, acreditando ser de outrem, a conduta é atípica, porque o tipo penal do art. 155 se refere à subtração de coisa alheia, não própria.

▪ Tipo objetivo

O tipo apresenta em seu centro um verbo (*subtrair, matar*, por exemplo) e é composto por um **elemento objetivo** e outro **subjetivo**.

O **elemento objetivo** descreve os **aspectos físicos ou normativos** abrangidos nos dispositivos legais. Como exemplos, podemos citar os arts. 121 (homicídio), 129 (lesão corporal), 155 (furto) e 312 (peculato) do Código Penal e o art. 33, *caput*, da Lei n. 11.343, de 23 de agosto de 2006* – Lei de Drogas (Brasil, 2006).

Na análise do **tipo objetivo**, não se pergunta o "querer" da pessoa: consideram-se somente os aspectos material, físico e valorativo da conduta.

Assim, o tipo objetivo é composto, além do **verbo** (a), essencialmente por **elementos descritivos** (b) – identificados de maneira imediata e objetiva por meio de uma percepção sensorial – e **elementos normativos** (c) – que necessitam de uma valoração jurídica (c.1) ou extrajurídica (c.2).

Analisando o art. 312 do Código Penal, que prevê o crime de peculato, temos: "Apropriar-se [a] o funcionário público [c.1] de dinheiro, valor ou qualquer outro bem móvel [b] público ou particular, de que tem a posse em razão do cargo [c.1], ou desviá-lo [a], em proveito [c.2] próprio ou alheio" (Brasil, 1940).

O art. 327 do Código Penal fornece o conceito de *funcionário público*, enquanto conceitos como os de *posse* e *cargo* são fornecidos por outros ramos do direito, como o civil e o administrativo.

Em outro exemplo, analisando o art. 233 do Código Penal (ato obsceno), temos: "Praticar [a] ato [b] obsceno [c] em lugar público [c.1] ou aberto [b] ou exposto ao público".

---

* Sobre a análise dos tipos da Lei de Drogas, veja nosso livro: *Comentários penais e processuais penais à Lei de Drogas* (Bacila; Rangel, 2015).

Tipo subjetivo

Como observamos no estudo da ação, esta pressupõe uma **vontade dirigida a um fim**. No art. 121 do Código Penal, citado como exemplo, o tipo do homicídio não é apenas uma conduta automática e sem desígnio de "matar alguém", como se fosse uma fera devorando um gladiador na arena. Existe uma **finalidade**, pois se trata de uma conduta humana. Com isso, em toda ação típica, há uma vontade interior do sujeito, que se apresenta de duas maneiras: **dolosa** ou **culposa**.

Assim, no **homicídio doloso**, o tipo subjetivo corresponde a **querer** matar alguém. A seguir, veremos o elemento subjetivo do tipo.

Dolo

Dolo é a vontade de realizar o tipo penal objetivo. Da mesma forma, denomina-se *dolo* a vontade dirigida a um fim (elemento psíquico da ação). Quando a vontade que toda ação tem é dirigida a um fim que constitui um tipo objetivo, também é denominada *dolo*. Por exemplo: F quer matar C, ou seja, tem vontade de realizar o tipo penal objetivo "matar alguém".

Se, por motivos alheios à vontade do agente, o crime não se consumar e ocorrer apenas tentativa, há então a **incongruência do tipo objetivo**: "quer matar alguém" (tipo subjetivo perfeito) e "não conseguir matar alguém" (tipo objetivo não realizado – imperfeito).

Crime preterdoloso

No tipo preterdoloso ou preterintencional, o tipo objetivo vai além do tipo subjetivo. Por exemplo: F quer ofender a integridade corporal de C – ou seja, o tipo subjetivo é de lesão corporal –, mas, por agir sem cuidado, causa-lhe a morte (veja o art. 129, parágrafo 3º, do Código Penal, que estabelece a lesão corporal seguida de morte).

Nesse caso, diz-se que há **dolo no antecedente** – isto é, querer ofender a integridade corporal de C – e **culpa no consequente** – agir sem cautela e matar C.

Espécies de dolo

O Código Penal adota duas formas de dolo: o dolo direto e o dolo eventual.

Dolo direto

Com o dolo direto, o agente quer realizar diretamente um tipo específico (por exemplo: quer praticar lesão corporal).

Dolo eventual

Com o dolo eventual, o agente não quer diretamente a realização do tipo, mas assume o risco do resultado. Por exemplo: F coloca um cartucho no revólver, gira o tambor e dispara contra C, para experimentar a sorte (roleta russa). A consequência é: se matar C, F assumiu o risco desse tipo objetivo e responde pela prática do homicídio consumado.

O art. 18, inciso I, do Código Penal dispõe: "Diz-se o crime: doloso, quando o agente **quis o resultado** [a] ou **assumiu o risco de produzi-lo** [b]" (Brasil, 1940, grifo nosso).

Logo, temos:

a. Trata-se de dolo direto.

b. Trata-se de dolo eventual.

Além do dolo, alguns tipos penais também exigem como elemento subjetivo o elemento subjetivo do tipo diverso do dolo (ESTDD). É o que veremos a seguir.

Elemento subjetivo do tipo diverso do dolo (ESTDD)

Alguns tipos penais requerem apenas o dolo como elemento subjetivo do tipo (tipo subjetivo). Como exemplos, podemos citar o homicídio simples, o dano e a lesão corporal.

Entretanto, alguns tipos penais prescrevem obrigatoriamente, para sua configuração, um elemento subjetivo que vai além do dolo – ou seja, uma intenção na mente do agente, um objetivo específico, uma tendência especial etc. Esses tipos exigem mais do que a simples vontade de realizar o tipo objetivo e por isso são designados **tipos de congruência assimétrica** – o tipo subjetivo é "maior" (dolo **mais** ESTDD) do que o tipo objetivo.

Tomemos o art. 288 do Código Penal (crime de quadrilha ou bando): "Associarem-se 3 (três) ou mais pessoas, para o fim específico de cometer crimes: [...] Pena – reclusão, de 1 (um) a 3 (três) anos" (Brasil, 1940).

Ao analisar o tipo de **formação de quadrilha**, verificamos que:

a. O **tipo objetivo** é a associação de três ou mais pessoas.

b. A **vontade** de realizar o tipo objetivo é o **dolo**. Assim, é a vontade de realizar tudo aquilo que, ao se concretizar, caracterizaria o tipo objetivo. É a vontade de se associar em três ou mais pessoas.

c. O **ESTDD** que está descrito no art. 288 corresponde a "para o fim específico de cometer crimes". Ele é **subjetivo** porque é **finalidade**, ou seja, existe no pensamento dos integrantes da quadrilha. Não é necessário que se concretize esse "pensamento" – o fim específico de cometer o crime –, que está descrito no art. 288 para a consumação do tipo: o crime de formação de quadrilha está consumado mesmo que seus integrantes não pratiquem crime algum.

Logo, o ESTDD difere do dolo, porque não precisa se tornar concreto para que o crime se consuma. Além disso, o dolo não está descrito expressamente no tipo, porque está implícita sua existência na ação. Por sua vez, o ESTDD, via de regra, deve estar redigido de forma expressa.

■ Erro de tipo

O erro de tipo é a falsa representação dos elementos do tipo: o tipo objetivo é completo, mas o tipo subjetivo **não apresenta dolo** (incongruência). Não havendo dolo, a conduta é **atípica** ou então caracteriza um tipo **culposo**. Vemos aqui um erro essencial sobre o elemento caracterizador do tipo.

Por exemplo: E está caçando no mato e, ao pressentir um vulto em sua direção, atira com sua espingarda, acreditando tratar-se de um javali, mas mata A, que lhe fazia companhia na caçada. Aqui não há dolo, pois E não queria matar ninguém. Ele errou quanto ao elemento essencial do tipo: o elemento "alguém" – ele queria matar um animal, não "alguém".

O Código Penal, em seu art. 20, estabelece que "o erro sobre elemento constitutivo do tipo legal de crime exclui o dolo, mas permite a punição por crime culposo, se previsto em lei" (Brasil, 1940). No caso de seu erro ter sido evitável ou vencível, E responderia por homicídio culposo; no caso de o erro ter sido inevitável ou invencível, E não responderia por nenhum tipo penal.

■ Culpa

Culpa é a infração a um dever de cautela, por imprudência, negligência ou imperícia. O art. 18, inciso II, do Código Penal estabelece textualmente: "Diz-se o crime: [...] II – culposo, quando o agente deu causa ao resultado por imprudência, negligência ou imperícia" (Brasil, 1940).

Detalhando esses três aspectos, temos:

a. **Imprudência** – É a afoiteza, a precipitação. Por exemplo: A, querendo brincar com D, mas acreditando não ser provável nem possível a ocorrência de qualquer lesão contra ela, empurra-lhe para dentro de uma piscina, o que ocasiona a morte de D por afogamento (CP, art. 121, § 3º, homicídio culposo).

b. **Negligência** – É a ausência de medidas de cuidado. Por exemplo: A sabe que sua motocicleta está com freios defeituosos e não os conserta. Em função disso, atropela e mata C.

c. **Imperícia** – É a falta de conhecimento técnico em uma atividade que exige tal conhecimento. Por exemplo: A é engenheiro civil, mas não tem técnica apurada para projetar uma ponte. Não obstante, realiza o trabalho e a ponte desaba, matando C. Nesse caso, A praticou homicídio culposo (CP, art. 121, § 3º).

O segundo exemplo mencionado (negligência na direção de veículo automotor) é tipo de homicídio culposo previsto no art. 302 do Código de Trânsito Brasileiro – Lei n. 9.503, de 23 de setembro de 1997 (Brasil, 1977): "Praticar homicídio culposo na direção de veículo automotor: Penas – detenção de 2 (dois) a 4 (quatro) anos, e suspensão ou proibição de se obter a permissão ou habilitação para dirigir veículo automotor" (Brasil, 1997).

Na Figura 7.1, temos um resumo esquematizado das espécies de culpa.

Figura 7.1 – Espécies de culpa

Imprudência É um fazer, com descuido.	**Negligência** É omitir.	**Imperícia** É ausência de conhecimento.

A seguir, veremos mais alguns detalhes sobre o tipo culposo.

▪ Observações sobre a estrutura do tipo culposo

O tipo culposo classifica-se em subjetivo e objetivo, além de envolver elementos como a previsibilidade, que analisaremos na sequência.

▪ Tipo subjetivo

No tipo culposo, a ação também apresenta uma vontade dirigida a um fim, como ocorre no tipo doloso. Porém, em se tratando de culpa na ação, a vontade é dirigida a um **fim atípico**, mas o resultado efetivo, que não era desejado, ocorre em função de imprudência, imperícia ou negligência do agente na utilização indevida dos meios para atingir tal fim atípico. Observemos os exemplos anteriores: a finalidade dos agentes não era "matar alguém", mas sim projetar uma ponte para que servisse de ligação entre margens opostas, pilotar uma motocicleta etc. Contudo, houve uma vontade intencional de utilizar meios proibidos pelo direito sem o devido cuidado.

▪ Tipo objetivo

O **resultado** é o elemento do tipo objetivo culposo, apesar de alguns autores tratarem este como condição objetiva de punibilidade. Para caracterizar o tipo doloso, esse resultado – material – nem sempre é exigido, mas, no caso de culpa, a ausência de resultado torna a conduta atípica.

Por exemplo: A trafega distraído de bicicleta e, sem perceber ou prever qualquer acidente, passa diretamente pela faixa de pedestres, sem perceber que C a está atravessando, exercendo sua preferência de pedestre. Por muito pouco, C salva-se de ser atingida.

A consequência jurídica desse fato é a de que A não responderá por tentativa de homicídio culposo.

Há um fator de **sorte** no tipo culposo, pois, se não ocorrer o resultado, o agente estará livre de imputação. Por outro lado, não seria fácil comprovar a tipicidade culposa sem a ocorrência de tal resultado. A tipificação da tentativa do tipo culposo também impossibilitaria as atividades humanas que pressupõem a tolerância de um certo risco.

▪ Previsibilidade

A previsibilidade do resultado é um requisito indispensável para que se configure o tipo culposo, ou seja, a capacidade de prever o acontecimento. No tipo culposo, a previsibilidade é dividida em duas espécies: objetiva e subjetiva.

a. **Previsibilidade objetiva** – Esta é a capacidade de um homem normal, razoável, médio antever determinado evento. Uma pessoa razoável deve saber que, se dirigir em alta velocidade, em uma via pública movimentada, tem grande probabilidade de atropelar um pedestre ou atingir outro veículo ocupado. A previsibilidade objetiva é necessária para a configuração do tipo culposo.

b. **Previsibilidade subjetiva** – É a capacidade individual de cada um de prever certo resultado, segundo suas condições culturais, socioeconômicas e psicológicas. Por exemplo: na quadra de um clube, F lança uma bola de basquete em direção à cesta, mas, por descuido, a bola cai na piscina que se localiza ao lado, causando o afogamento de uma mulher idosa de nome C, que se assustou e caiu na água. Nesse exemplo, não houve previsibilidade. Contudo, veremos adiante que a teoria da imputação objetiva resolve muitos casos extravagantes no âmbito do próprio tipo*.

---

* Esse tema está didaticamente explicado em nosso livro *Teoria da imputação objetiva no direito penal* (Bacila, 2011).

Relação de determinação entre a violação do dever de cuidado e a produção do resultado
Na lição de Eugenio Raúl Zaffaroni (1988, p. 433-434, tradução nossa):

> *Quem dirige por uma rodovia em alta velocidade viola um dever de cuidado, porém não haverá homicídio culposo se atropela o suicida que dez metros antes se joga na passada do veículo da copa de uma árvore frondosa próxima da rodovia, porque, ainda que tivesse excedido a velocidade prudente, não poderia ter freado nem esquivado o sujeito. Esses casos demonstram que não basta que a conduta seja violadora do dever de cuidado e cause o resultado, senão que, ademais, deve mediar uma relação de determinação entre a violação do dever de cuidado e a causação do resultado; isso equivale a dizer que a violação do dever de cuidado deve ser determinante do resultado. A relação de determinação não é, de modo algum, uma relação de causalidade. Causalidade há quando a conduta de conduzir um veículo causa a alguém a morte, haja ou não violação do dever de cuidado. O que aqui se requer é que, em uma conduta que tenha causado o resultado e que seja violadora de um dever de cuidado, o resultado venha determinado pela violação do dever de cuidado.*

Ainda segundo Zaffaroni (1988), para estabelecer a relação de determinação entre a violação do dever de cuidado e o resultado, imagina-se uma **conduta cuidadosa**. Daí depreendemos que:

a. Se o resultado não ocorreria, há relação de determinação.
b. Se o resultado ocorreria da mesma forma, não há relação de determinação, e a conduta é atípica.

O art. 18, incisoo II, do Código Penal estabelece que o crime é culposo quando o agente deu causa ao resultado por imprudência, negligência ou imperícia (Brasil, 1940). Assim, o que vemos aqui não é qualquer resultado, mas o resultado causado "por" culpa.

Esse tema foi tratado mais detalhadamente pela teoria da imputação objetiva, que analisaremos adiante (Bacila, 2011).

Espécies de culpa

Em geral, a doutrina divide a culpa em inconsciente e consciente. Vejamos em que consiste o sentido dessa distinção.

Culpa inconsciente

Na culpa inconsciente, o resultado é previsível, mas o agente não o prevê na situação concreta. Por exemplo: A, que é o responsável pelo ensino de natação em uma viagem de navio, lança C em alto-mar, para que esta perca o medo da água. No entanto, C é sugada pelas hélices do navio, fato que não foi representado mentalmente por A.

Aqui temos uma curiosidade jurídica: A agiu com **imprudência** – por precipitar C ao mar; com **negligência** – por não questionar o comandante do navio sobre as condições de lançamento de passageiros na água; e com **imperícia** – se desconhecia as técnicas adequadas para natação naquelas condições.

Culpa consciente

Na culpa consciente, o resultado é previsível e o agente o prevê, mas crê, conforme seu planejamento individual, que tal não ocorrerá. Por exemplo: durante uma caçada, A atira próximo a um colega caçador, acreditando, de acordo com seu plano individual, que não o atingirá; contudo, acerta o tiro contra R, que morre. A morte de R foi imaginada por A, mas ele não acreditava que isso ocorreria.

Diferença entre dolo eventual e culpa consciente
No **dolo eventual**, ocorre a "realização de um plano", no qual o tipo é reconhecido como possível, ainda que a pessoa tenha esperança de evitar o resultado típico, mas, dada a probabilidade, o

agente persiste e decide pela possível lesão do bem jurídico. Por outro lado, na **culpa consciente**, o agente acredita que a lesão ao bem jurídico não é possível nem provável. Em ambos os casos, ele imagina (representa) o resultado.

- Culpa própria e culpa imprópria

A chamada **culpa própria** é a culpa comum, que examinamos até aqui. Por outro lado, também conhecida como *culpa por equiparação*, *extensão* ou *assimilação*, a **culpa imprópria** refere-se às chamadas *descriminantes putativas* (legítima defesa, em que não existe agressão real, por exemplo; erro de proibição etc.).

- Como saber se os tipos previstos no Código Penal são ou não culposos

Para constatar se determinado tipo previsto no Código Penal é ou não culposo, existem regras simples. Vejamos:

a. Todos os tipos previstos no Código Penal admitem a forma dolosa.

b. Alguns tipos penais, além de admitirem a forma dolosa, também podem estabelecer o tipo culposo.

c. A forma culposa somente existe quando a lei a estabelece expressamente.

A fundamentação legal da forma culposa (item *c*) é dada pelo art. 18, parágrafo único, do Código Penal: "Salvo os casos expressos em lei, ninguém pode ser punido por fato previsto como crime, senão quando o pratica dolosamente" (Brasil, 1940).

Neste ponto, propomos alguns problemas para esclarecer melhor o assunto.

a. **1º caso** – Leia o art. 148 do Código Penal e responda: o tipo de **sequestro** admite a forma culposa, ou seja, pode ser praticado por imprudência, negligência ou imperícia? Resposta: **não**. Não existe o "sequestro culposo", pois não há previsão expressa desse tipo e, se nada está previsto, somente existe o sequestro cometido com dolo. Então, se o agente deixa alguém encarcerado sem dolo, mas com culpa, a conduta é atípica, ou seja, não há tipo culposo nesse caso.

b. **2º caso** – O tipo de **lesão corporal** (CP, art. 129) pode ser culposo, ou seja, praticado por imprudência, negligência ou imperícia? Resposta: **sim**, pois há previsão expressa no parágrafo 6º do art. 129 do Código Penal: "Se a lesão é culposa [...]" (Brasil, 1940).

Resumo sobre o tipo culposo

As principais características do tipo culposo são:

a. Finalidade atípica.

b. Utilização dos meios para atingir o fim, de forma imprudente, negligente ou imperita.

c. Causação do resultado.

d. Relação de determinação entre a violação do dever de cuidado e a produção do resultado.

e. Previsibilidade objetiva.

Infração penal e infração administrativa

Com boas condições de tráfego, A trafega em pista dupla, com seu automóvel a uma velocidade de 100 km/h, enquanto a velocidade máxima permitida é de 80 km/h. Caminhando pelo acostamento, C tropeça e cai, repentinamente, diante do veículo de A, vindo a morrer atropelada por ele.

Nesse exemplo, constatamos, sem dúvida, um ilícito administrativo, pois A ultrapassou em 20 km/h a velocidade máxima permitida no local. Entretanto, não vemos, no caso, nenhum ilícito penal: A dirigia com o cuidado exigido pelas condições da pista, e a queda repentina de C, que se prostrou diante do carro daquele, está distante daquela previsibilidade objetiva que vimos anteriormente, necessária para caracterizar a culpa, tornando essa situação mero **caso fortuito** e, assim, atípico.

> Uma infração administrativa não implica, necessariamente, tipo penal.

■ Significado de algumas expressões que utilizam a palavra *tipo*

A seguir, veremos o significado de algumas expressões que contêm a palavra *tipo*.

▪ Tipo fechado e tipo aberto

O **tipo fechado** é o tipo criminal normal, que contém toda a descrição da conduta proibida, por exemplo, "matar alguém". Por sua vez, o **tipo aberto** é o tipo que necessita de uma **complementação normativa ou conceitual**. Por exemplo, no tipo culposo "matar alguém por imprudência", questionamos: o que é imprudência? A imprudência deve ser apurada caso a caso para esclarecer o tipo; logo, o tipo culposo é um tipo aberto, pois o juiz avalia, no caso concreto, se ocorreu infração ao dever de cautela. Outro exemplo é o tipo de crime comissivo por omissão, que será abordado posteriormente.

▪ Tipo de fato e tipo de autor

O **tipo de fato** é o tipo comum, que já examinamos. Aqui, analisa-se isoladamente a ação típica. Quanto ao **tipo de autor**, vamos considerar o seguinte caso: o pistoleiro norte-americano conhecido como Billy the Kid morreu em 1881, aos 21 anos de idade, após ter matado 21 pessoas. Dizemos que ele foi um *homicida*. Da mesma forma, quando denominamos alguém de *ladrão, estelionatário,* *sequestrador*, em função de sua conduta de vida e "cegueira jurídica", estamos estipulando a figura polêmica do tipo de autor. Trata-se de matéria relativa à **culpabilidade**, mas adiantamos que o tipo de autor não serve para estabelecer se alguém praticou ou não um crime e, consequentemente, também não serve para a atribuição de pena a alguém. O tema se reveste de estigmas e não pode ser utilizado de forma científica pelo direito penal (Bacila, 2015b).

Tipo formal e tipo material

O **tipo formal** é o tipo em seus aspectos objetivo e subjetivo. Essa expressão é utilizada para distinguir o conceito de tipo do conceito de tipo material. Na verdade, *tipo* deveria expressar tão somente o **tipo formal**, para evitar confusões terminológicas. Nesse contexto, o **tipo material** equivale, com nuances próprias, à **antijuridicidade**, que abordaremos a seguir. Para o professor Luiz Alberto Machado (1987), que adota essa expressão, tipo material é a conduta juridicamente desvalorada.

Tipo pluridimensional

Pluridimensional é o tipo objetivo visto em conjunto com o tipo subjetivo. Como exemplo, podemos citar o tipo de homicídio, que prevê a conduta humana em seus aspectos externo (tipo objetivo) e interno (tipo subjetivo – dolo).

Tipo conglobante

Eugenio Raúl Zaffaroni (1988) considera que o tipo penal deve ser analisado de forma conglobante (geral, integral) com o ordenamento jurídico. Logo, não seria cabível que se considerasse um tipo de furto a conduta do oficial de justiça que executa um despejo por ordem judicial, tendo em vista que o ordenamento jurídico é harmônico. Dizer que a conduta do oficial de justiça foi típica, para somente depois apontá-la como não antijurídica – pois realizada no estrito cumprimento do dever legal – não seria lógico, segundo Zaffaroni. Enfim, esse estudioso entende que a **tipicidade penal** está excluída nos casos de estrito cumprimento do dever legal, do exercício regular de direito e de condutas insignificantes. Para ele, de forma geral, somente as causas de legítima defesa e estado de necessidade podem ser consideradas típicas para, então, indagar-se sobre sua antijuridicidade.

Assim, podemos apontar para a seguinte fórmula: **tipicidade conglobante = tipo penal + tipicidade conglobada**, esta última entendida como o estrito cumprimento de dever legal, o exercício regular de direito e as condutas insignificantes.

Atualmente, para resolvermos os problemas mais complexos do conceito analítico de crime, adotamos a teoria da imputação objetiva, que analisaremos adiante.

Tipo de injusto

Consiste na análise conjunta do tipo com a **antijuridicidade**. Vem da palavra alemã *unrecht* (injusto), pois era assim que inicialmente era estudado o aspecto objetivo do delito. Logo, é o tipo mais a antijuridicidade.

Atipicidade por conduta insignificante

O **princípio da insignificância**, que ocorre em condutas como o furto de um palito de fósforo, constitui caso de atipicidade por falta de potencial lesivo do bem jurídico, uma vez que não se afeta o bem jurídico da vítima ao subtrair-se dela um palito de fósforo. Nesse caso, **exclui-se o tipo objetivo**.

Importância do conceito de *tipo*

Para Ernst von Beling (1866-1932), que em 1906 fundou a **moderna teoria do tipo**, esse conceito confere segurança e certeza aos cidadãos, pois a conduta proibida está precisamente prevista na lei (Von Beling, 1944).

É uma garantia do povo contra o arbítrio do Estado, porquanto limita seu poder de punir (poder de Estado, conhecido como *jus puniendi*) – não se pode condenar alguém que não tenha praticado uma conduta prevista exatamente como descreve o tipo penal.

Além da função de **garantia democrática**, o tipo apresenta a função de indicar que existe **antijuridicidade** na conduta. No entanto, essa indicação da antijuridicidade é apenas um indício, como veremos a seguir. Além de tudo, seleciona as ações consideradas criminosas, fundamentando sua punição e fornecendo precisão ao conceito analítico de crime.

▪ Por que Beling "incluiu" o tipo no conceito analítico de crime?

Até 1906, conceituava-se analiticamente *crime* como ação antijurídica e culpável. A **antijuridicidade** representava o **aspecto material** do delito (resultado e nexo causal), e a **culpabilidade**, todo o **vínculo psíquico** – o dolo e a culpa, por exemplo, integravam a culpabilidade, e até hoje os adeptos da teoria causalista da ação mantêm essa estrutura.

Entretanto, se a falta de pagamento de aluguéis, *v.g.*, na hipótese de locação residencial, é uma conduta antijurídica ou ilícita, pois transgride as regras da Lei do Inquilinato – ou seja, é um ilícito proveniente de um ramo do direito civil –, por outro lado, não é crime. Concluindo: é ação antijurídica e culpável, mas não é crime.

Logo, ao denominar a descrição minuciosa da conduta incriminada pela norma penal utilizando o termo alemão *Tatbestand* (do latim *facti species* – "suposto ou hipótese do fato"), Von Beling (1944) incluiu no conceito analítico um elemento valioso que caracterizou melhor a definição de crime.

Até o início da década de 1930, o tipo significava apenas a **descrição material** – ou seja, concreta e mecânica – da conduta criminosa. Então, Hans Welzel (1904-1977) publicou um texto intitulado

"Causalidade e ação" (1956) e, a partir daí, grande parte dos criminalistas passou a incluir no estudo da ação típica o dolo e a culpa.

▪ Teoria da imputação objetiva*

Para analisarmos se um tipo realmente ocorreu, é fundamental sabermos os **critérios de imputação** ou **atribuição do tipo objetivo**, que descreveremos a seguir.

Para tanto, sugerimos a leitura complementar do nosso livro *Teoria da imputação objetiva no direito penal* (Bacila, 2011).

▪ Critérios

Enunciaremos os critérios utilizados pela teoria da imputação objetiva para indicar se, no caso concreto, ocorre ou não a tipicidade.

- Criação ou não de um risco juridicamente relevante (proibido ou não permitido)

Na expectativa de receber uma herança, F recomenda que sua tia C realize uma viagem de ônibus; esta aceita a sugestão, faz a viagem e sofre um acidente fatal. Para a **teoria finalista da ação**, ocorreria, no caso, a falta de dolo, porque este constitui não somente um desejo de determinado acontecimento, mas uma vontade que tem o domínio do fato. Por sua vez, a **teoria da imputação objetiva** – desenvolvida por Claus Roxin no início da década de 1970 – negaria o próprio tipo objetivo, por falta da criação de um risco juridicamente relevante (risco proibido).

Conforme consideramos em nosso livro *Teoria da imputação objetiva no direito penal* (Bacila, 2011, p. 2), pretende-se resolver, com essa linha de raciocínio, os desvios dos processos causais

---

* Este tópico tem como base a obra de Bacila (2011).

ou causas exóticas ou extravagantes, como seriam os desvios contidos no seguinte exemplo: F entra na sala de aula e, com vontade de matar, atira contra C, que, ferida, é levada para um hospital, vindo a morrer em virtude de um incêndio que ocorreu logo após sua internação. Não é possível atribuir essa morte a F, pois o ato de disparar tiros na sala não cria o risco juridicamente relevante de matar alguém queimado em um incêndio de hospital. F responde pela tentativa de homicídio, porque não há tipo objetivo consumado de homicídio. O finalismo apontaria a mesma solução, mas com fundamento na falta de dolo de matar no hospital – o dolo somente existiria no momento dos disparos na sala de aula. As duas soluções são compatíveis com o texto do Código Penal, em seu art. 13, parágrafo 1º: "A superveniência de causa relativamente independente exclui a imputação quando, por si só, produziu o resultado; os fatos anteriores, entretanto, imputam-se a quem os praticou" (Brasil, 1940).

Na Figura 7.2, apresentamos uma síntese dessa ideia.

Figura 7.2 – Diferenças entre a teoria da imputação objetiva e o finalismo

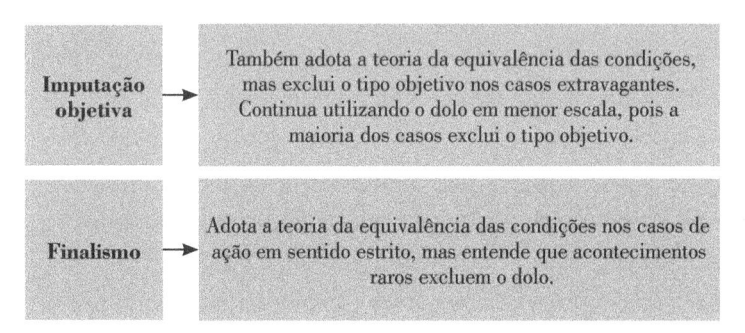

Imputação objetiva	→	Também adota a teoria da equivalência das condições, mas exclui o tipo objetivo nos casos extravagantes. Continua utilizando o dolo em menor escala, pois a maioria dos casos exclui o tipo objetivo.
Finalismo	→	Adota a teoria da equivalência das condições nos casos de ação em sentido estrito, mas entende que acontecimentos raros excluem o dolo.

- Diminuição do risco

Tomemos o seguinte fato: F atira uma pedra contra a cabeça de C. Ao verificar o ataque, E desvia a pedra para a região do abdômen de C, para diminuir-lhe a lesão. A pedra desviada por E vem a causar o fratura de três costelas de C. Tendo em vista que E diminuiu o risco de lesão do mesmo bem jurídico (vida de C), **exclui-se o tipo objetivo**, enquanto a doutrina tradicional considera tal acontecimento como **estado de necessidade**. Logo, a conduta de E, que foi *conditio sine qua non* das lesões nas costelas de C, é objetivamente atípica, pois não podemos dizer que alguém pratica um tipo penal ao diminuir a lesão de um bem jurídico. Entretanto, para as condutas que salvam um bem jurídico em detrimento de outro – como no caso de uma pessoa que somente consegue escolher entre salvar uma criança e ter de deixar outra se afogar –, continua-se empregando o estado de necessidade (Bacila, 2011, p. 2).

- Aumento (incremento) ou falta de aumento do risco permitido

A, um fabricante de pincéis, descumpriu as regras sanitárias ao utilizar pelos de cabra não desinfetados para a fabricação de tais pincéis, o que resultou na morte de quatro trabalhadores que contraíram carbúnculo (antraz). Ao desrespeitar a legislação pertinente (normas sanitárias), o fabricante aumentou ou incrementou um risco e elevou seu limite aceito pelo legislador. Logo, A praticou os tipos de **homicídio culposo**. Por outro lado, se um médico descumpre as normas de higiene determinadas em seus manuais e isso leva à morte de um paciente, também será a ele imputado o homicídio, o que não ocorrerá se ele cumprir todas as normas da medicina (*lex artis*).

- Esfera de proteção da norma como critério de imputação

Vejamos o seguinte caso: F mata C, e o pai de C, ao ter conhecimento do fato, sofre um infarto e também morre. Embora a conduta de F tenha sido *conditio sine qua non* da morte de E – ou seja, se não fosse a morte de C, E não teria sofrido o infarto naquele momento –, somente podemos imputar a F o homicídio de C, pois o tipo de **homicídio** não tem a finalidade de proteger bens que não estejam correndo o risco direto ou de evitar consequências secundárias. O art. 121 do Código Penal não tem a finalidade de proteger terceiros que se sensibilizam com a morte de pessoas estimadas, mas somente aqueles que correm o risco direto da ação do autor.

Na Figura 7.3, apresentamos uma síntese dessa ideia.

Figura 7.3 – Critérios da teoria da imputação objetiva

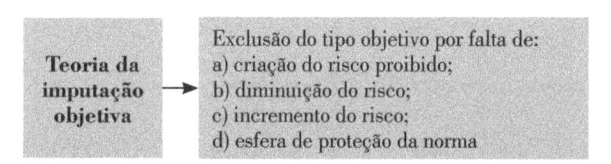

Teoria da imputação objetiva	Exclusão do tipo objetivo por falta de: a) criação do risco proibido; b) diminuição do risco; c) incremento do risco; d) esfera de proteção da norma

Após examinarmos a ação e a tipicidade, devemos passar à análise da ilicitude ou antijuridicidade.

7.5 Antijuridicidade*

Vimos que, para uma conduta ser enquadrada como **crime**, primeiro devemos verificar se o sujeito realmente praticou uma **ação**. Porém, ainda que essa ação seja perfeita e encontre adequação com uma descrição legal exata (tipicidade), não podemos afirmar que ocorreu crime sem analisarmos a **antijuridicidade** e a **culpabilidade**.

Vejamos um exemplo: o delegado E teve de prender A, um latrocida perigoso, que tinha contra si um mandado de prisão. Perguntamos: o delegado E praticou o crime de sequestro? Resposta: não. Embora E tenha praticado uma ação típica de sequestro, prevista no art. 148 do Código Penal, sua conduta está amparada pelo art. 23, inciso III,

---

* Este tópico tem como base a obra de Bacila (2011).

primeira parte, do mesmo código, que estabelece: "Não há crime quando o agente pratica o fato: [...] III – em estrito cumprimento de dever legal [...]" (Brasil, 1940).

As causas previstas no art. 23 do Código Penal excluem a antijuridicidade da conduta e, faltando antijuridicidade, não há crime.

> A antijuridicidade é a relação de contrariedade entre a ação típica e o direito como um todo.

■ Causas de exclusão da antijuridicidade

São causas que excluem a antijuridicidade (também denominadas *causas de exclusão de ilicitude, causas justificativas, descriminantes* e *tipos permissivos*): o estado de necessidade, a legítima defesa, o estrito cumprimento de dever legal e o exercício regular de direito. A seguir, veremos as quatro causas de exclusão da antijuridicidade previstas no art. 23 do Código Penal (Brasil, 1940).

■ Estado de necessidade

Iniciamos com um exemplo: o naufrágio do navio foi algo devastador – de material, sobrou uma tábua sobre as águas revoltas; de humano, dois homens terrivelmente assustados. O destino, sempre irônico, quis que a tábua suportasse somente o peso de uma pessoa. Ainda mais: o solitário pedaço de madeira era o único meio de salvação. Então, um dos homens – o mais forte, ou o mais esperto, ou o mais egoísta, ou o mais medroso – mata o outro para sobreviver. Dizemos, então, que ele agiu em estado de necessidade (Bacila, 2001), previsto no inciso I do art. 23 do CP.

Considera-se em estado de necessidade quem pratica o fato: a) para se salvar de perigo atual; b) que não provocou por sua vontade; c) nem podia de outro modo evitar; d) envolvendo direito próprio ou alheio; e) cujo sacrifício, nas circunstâncias, não era razoável exigir-se (CP, art. 24, *caput*; Brasil, 1940).

Detalhando esses aspectos, temos que:

a. O **perigo** deve ser óbvio e provável, não apenas de mera suposição, e pode ter sido originado por força da natureza (raio, ataque de leão, temporal etc.) ou causado por ser humano.

b. Caso o ameaçado tenha provocado o perigo com **dolo** próprio – pois o Código usa a expressão "não causou por sua vontade" –, deve enfrentá-lo sem sacrificar o direito alheio.

c. Se houver **outra possibilidade** para escapar do perigo, não se pode sacrificar o direito alheio (bem jurídico).

d. Um pai pode sacrificar o direito alheio para salvar a vida do filho ou do amigo, por exemplo.

e. Não se salva um cão, por exemplo, em detrimento de um ser humano. Por outro lado, não é razoável exigir o sacrifício da vida de um bombeiro para salvar uma obra de arte, mas, para salvar uma vida humana, sim, pois este é seu dever funcional.

O estado de necessidade, na verdade, representa uma situação de conflito entre dois bens jurídicos legítimos, e apenas um desses bens pode sobreviver, à custa do sacrifício do outro.

- Exclusão do estado de necessidade

O art. 24, parágrafo 1º, do Código Penal estabelece: "Não pode alegar estado de necessidade quem tinha o dever legal de enfrentar o perigo" (Brasil, 1940).

Tem o dever legal de enfrentar o perigo tanto aquele profissional que a lei determinou especificamente (bombeiro, capitão do navio, soldado, médico, policial) quanto aquele que se obrigou por contrato (escrito ou verbal: guarda-costas, guia de alpinistas, técnico de natação etc.). A fundamentação para tal encontra-se no art. 13, parágrafo 2º, do Código Penal, como vimos anteriormente.

- Casos legais específicos de estado de necessidade

São casos legais específicos de estado de necessidade: art. 128, inciso I (aborto necessário); art. 150, parágrafo 3º, inciso II (violação de domicilio); art. 146, parágrafo 3º (constrangimento ilegal); e art. 154 (violação de segredo profissional, como o caso do médico que denuncia à família a babá portadora de uma moléstia contagiosa), todos do Código Penal (Brasil, 1940).

Além desses, temos o art. 5º, inciso XI, da Constituição Federal de 1988: pode-se penetrar na casa sem consentimento do morador, em caso de desastre, para prestar socorro (Brasil, 1988), e não se pratica o crime de violação de domicílio (tipificado no art. 150 do Código Penal).

Observação: devemos notar que, se o tipo é previsto unicamente em uma lei penal, a antijuridicidade, por sua vez, refere-se a todo o ordenamento jurídico, isto é, se, em qualquer ramo do direito (civil, comercial, tributário etc.), a conduta for considerada lícita, não será antijurídica.

- Teoria diferenciadora e teoria unitária

A **teoria diferenciadora** faz distinção entre duas espécies de estado de necessidade: uma exclui a antijuridicidade, a outra, a culpabilidade – assunto de que trataremos a seguir. A ação exclui a antijuridicidade quando o bem sacrificado pelo agente estiver em um plano valorativo inferior ao bem protegido.

Entretanto, quando se sacrifica um bem de igual valor ou até considerado de maior valor do que o bem socorrido, temos uma **exculpante**, isto é, uma causa que exclui a culpabilidade por inexigibilidade de outra conduta.

A **teoria unitária ou monista objetiva** não traz soluções distintas relativas à diferença entre bens jurídicos: **sempre será excluída a antijuridicidade**. É essa a teoria adotada pelo direito brasileiro (Busato, 2015, p. 481), como depreendemos dos arts. 23, inciso I, e 24 do Código Penal. Todavia, o sacrifício de um bem para salvar outro deve ser "razoável" (termo da lei) pois, caso contrário, o sujeito responde pelo **excesso**, embora com a redução da pena pelo tipo praticado (de um a dois terços – CP, art. 24, § 2º).

Legítima defesa

A legítima defesa é o segundo caso de exclusão da antijuridicidade e está prevista no inciso II do art. 23 do Código Penal (Brasil, 1940).

Entende-se em legítima defesa quem, usando moderadamente (a) dos meios necessários (b), repele injusta (c) agressão (d), atual (e) ou iminente (f), a direito seu ou de outrem (g), conforme estabelece o art. 25 do Código Penal.

Analisando detalhadamente esse aspecto, temos que:

a. **Moderadamente** – Significa "proporcional".

Por exemplo: A invade a casa de E no período da noite, adentrando pela janela, com o objetivo de roubar-lhe os bens. Para repelir a agressão injusta, ao perceber que A porta uma arma de fogo, E atira contra o outro, que cai e se rende. Então, tendo o domínio da situação, E cessa os disparos e detém o invasor até a chegada da polícia e do atendimento médico. Aqui, houve proporcionalidade entre a agressão injusta (tentativa de roubo) e a defesa de E, ou seja, um disparo que foi suficiente para cessar a agressão de A, que tinha a posse de uma arma de fogo.

b. **Meio necessário** – É o meio eficiente; se o meio for o único disponível, será o necessário.

Por exemplo: E utiliza uma espingarda calibre 12 para defender-se de A, que o agride com um estilete, porque a espingarda era a única arma disponível para E.

c. **Injusta** – É a agressão antijurídica, que pode ser de qualquer ramo do direito, não necessitando constituir crime.

Podemos citar alguns exemplos: furto de uso; prática de ato obsceno em local não exposto ao público, pois não é o tipo do art. 233 do Código Penal; passageiro que usa uma arma para obrigar o motorista que dirige o ônibus com imprudência a parar o veículo; também é possível haver legítima defesa contra conduta culposa ou contravenção. Por outro lado, não constitui agressão injusta a prisão legal praticada por policial ou o ataque contra o sequestrador, o ladrão ou o estuprador no momento que estes praticam as ações criminosas. Logo, não ocorre legítima defesa contra agressão justa.

d. **Agressão** – É a lesão ou perigo de lesão a um bem jurídico.

e. **Agressão atual** – É a que está em curso.

f. **Agressão iminente** – É a que está prestes a acontecer.

g. **A direito seu ou de outrem**.

Por exemplo: o pistoleiro H, verificando que S vai matar injustamente W, atira em S, impedindo que o crime se consume.

Por fim, temos que o direito defendido pode ser a liberdade física ou sexual, a vida, a honra, o patrimônio, a integridade física, entre outras.

■ Excesso na legítima defesa

A previsão legal para o excesso na legítima defesa está no art. 23, parágrafo único, do Código Penal. O excesso pode ser doloso ou culposo.

Excesso doloso

No caso anterior, no qual E protegeu sua residência e sua vida contra o roubo tentado por A, imaginemos que, após A ter se rendido, E continua atirando até matar A. Perguntamos: Será E beneficiado pela legítima defesa? Qual será a consequência jurídica de seu ato? Resposta: houve excesso doloso, porque a agressão já havia cessado com o disparo do primeiro tiro; porém, esse excesso ocorreu somente a partir do segundo disparo, pois o primeiro foi legítimo. Daí advém a seguinte consequência jurídica: E responderá pela prática de **homicídio doloso**, embora possa contar com a atenuante do art. 65, inciso III, alínea "c", parte final ("sob a influência de violenta emoção, provocada por ato injusto da vítima"), ou, dependendo do caso, com a causa de diminuição do parágrafo 1º do art. 121 ("se o agente comete o crime impelido por motivo de relevante valor social ou moral, ou sob o domínio de violenta emoção, logo em seguida a injusta provocação da vítima"), todos do Código Penal (Brasil, 1940).

Excesso culposo
Considerando ainda o problema que propusemos, suponhamos que E, após dominar seu adversário A, dispara um segundo tiro neste, matando-o por imprudência no manejo da arma. Como consequência jurídica de seu ato, E responderá por **homicídio culposo**.

■ Legítima defesa putativa
O termo *putativo* vem de do latim *putare*, que significa "imaginário". Trata-se da imaginação equivocada de uma agressão. A pessoa se defende, acreditando estar em situação de legítima defesa, mas está enganada, pois tal situação não existe.

Por exemplo: H vê seu inimigo mortal, N, aproximar-se em atitude suspeita. N faz um gesto rápido com a mão. H, pensando que seu inimigo iria sacar um revólver para feri-lo, mata N com um tiro certeiro. Na verdade, N estava apenas pegando seu cachimbo para fumar (Bacila, 2001, p. 68).

A consequência de tal ato é que H, **não cometeu crime por falta de culpabilidade**. Trata-se de um **erro de proibição**, matéria que examinaremos mais adiante. A doutrina majoritária no Brasil, com base no texto do Código Penal, trata as descriminantes putativas simplesmente como caso de tipo culposo, quando prevista a possibilidade de culpa. A fundamentação jurídica para tal encontra-se no art. 21 do Código Penal (erro sobre a ilicitude do fato).

- Legítima defesa concorrente (recíproca)

Tomemos o seguinte exemplo: W vê alguém no interior de seu quintal e, acreditando tratar-se de um pistoleiro que veio para matá-lo, atira no vulto. Enganou-se, pois quem se encontrava ali era o delegado B, que entrara para entregar-lhe um presente e, diante da agressão, também disparara para se defender.

Analisemos: na verdade, W está em erro de proibição, enquanto B encontra-se, este sim, em situação de legítima defesa.

Não é possível que duas pessoas atuem, exatamente ao mesmo tempo, uma contra a outra em legítima defesa.

- Legítima defesa sucessiva

Se aquela pessoa que estava se defendendo se excede na legítima defesa, passa a ser um agressor injusto, possibilitando que o agredido – antes agressor – se defenda.

Por exemplo: A defende-se de C, que pretende matá-la. C, ao ser dominada por A, desiste da ação criminosa, mas continua a ser agredida exageradamente por A. C passa, então, a ter direito ao uso da defesa (Bacila, 2001, p. 69).

- Fundamento da legítima defesa

O direito à legítima defesa, segundo Claus Roxin (1997, p. 608), contemporaneamente, fundamenta-se na proteção individual e na prevalência do direito.

Estrito cumprimento de dever legal

O estrito cumprimento de dever legal é o terceiro caso de exclusão da antijuridicidade e está previsto no inciso III do art. 23 do Código Penal (Brasil, 1940).

É o exercício de determinações necessárias e rigorosamente previstas em normas públicas, destinadas aos **agentes do poder público** (a) e, excepcionalmente, a **particulares** (b).

Consideremos alguns exemplos:

a. O oficial que executa um despejo à força; a morte de um condenado, que é executado pelo carrasco em obediência à sentença condenatória; o policial que mata o destemido e perigoso criminoso, que reage a uma ordem de prisão legal.

b. Os "corretivos" aplicados, moderadamente, aos filhos (CF, art. 229; Brasil, 1988). Nesse caso, há quem entenda tratar-se de exercício regular de direito, mas não há apenas direito de os pais educarem os filhos: há, antes de tudo, um dever.

A seguir, vejamos a última cláusula de exclusão de ilicitude, prevista no mesmo inciso III do art. 23 do Código Penal.

Exercício regular de direito

O ordenamento jurídico é único e harmônico, não admitindo contradições lógicas. Assim, o que é permitido (lícito) em um ramo do direito também será permitido em todos os outros ramos.

Por exemplo: o parágrafo 1º do art. 1.210 do Código Civil (Brasil, 2002) estabelece: "O possuidor turbado, ou esbulhado, poderá manter-se ou restituir-se por sua própria força, contanto que o faça logo; os atos de defesa, ou de desforço, não podem ir além do indispensável à manutenção, ou restituição da posse". Ora, caso o legítimo proprietário necessite ferir aquele que acabou de invadir sua propriedade injustamente, não cometerá crime – desde que não se exceda –, pois está em exercício regular de direito, e sua autorização vem do direito civil.

Segundo um princípio dirigido aos administrados, tudo aquilo que não for expressamente proibido é permitido, isto é, trata-se de exercício regular de direito: "ninguém será obrigado a fazer ou deixar de fazer alguma coisa senão em virtude da lei" (CF, art. 5º, inc. II).

Elemento subjetivo da antijuridicidade

A doutrina aponta para a necessidade de haver um elemento subjetivo por parte do agente, no sentido de que este tenha a consciência de agir de acordo com uma excludente, para que esta o favoreça.

Por exemplo: E atira contra A, sem saber que, naquele momento, A escondia um revólver sob o casaco e estava prestes a matar E. Nesse caso, E deve ser responsabilizado por **homicídio** e não será beneficiado com a excludente de antijuridicidade, pois, ao atirar para matar A, não tinha conhecimento de que este iria matá-lo – aqui, o ponto-chave é que o crime, acima de tudo, constitui um desvalor de conduta.

O art. 24 do Código Penal, que trata do estado de necessidade, considera que atua conforme a excludente de antijuridicidade aquele que pratica o fato "para salvar de perigo atual [...]" – aqui, o elemento subjetivo é explícito, pois se encontra no texto da lei.

Outro é o caso da legítima defesa, pois o elemento subjetivo está implícito. Assim, o art. 25 do Código, ao exigir repulsa à "injusta agressão" para configurar a excludente, presume a consciência do defensor de repelir o ataque indevido ao bem jurídico.

7.6 Culpabilidade

A culpabilidade é a última parte do conceito analítico de crime. Considera-se que aquele que atua de forma típica e antijurídica somente terá praticado crime, segundo o conceito analítico, se sua ação for também **culpável**.

> Dizer que alguém agiu com culpabilidade implica afirmar que sua conduta foi reprovável, censurável. Podemos considerar que o termo mais adequado a ser usado é *censurabilidade*, até porque a palavra *culpabilidade* vem de *culpa*, e esta faz parte do tipo subjetivo.
> Não obstante, *culpabilidade* é um termo tradicional e será adotado por nós aqui, por motivos puramente didáticos.

Culpabilidade é um **juízo de censura sobre o agente, no caso concreto**. É a **reprovação da conduta típica e antijurídica** de alguém que tinha a capacidade de agir de outro modo e poderia motivar-se pela norma jurídica.

O agente que tem sua conduta reprovada pelo direito é culpável, pois era imputável, tinha o potencial conhecimento do ilícito e seria possível exigir dele conduta diversa.

A matéria se tornará mais clara para o leitor com o estudo dos elementos integrantes da culpabilidade.

Elementos da culpabilidade

Vejamos agora quais são estes elementos.

Imputabilidade

A palavra *imputabilidade* tem um sentido relacionado à atribuição mental. Conforme lecionamos na obra *Síntese de direito penal*, "Imputabilidade é a capacidade do sujeito de autodeterminar-se, segundo as normas jurídicas. Ou é a capacidade de compreender o caráter ilícito da conduta e de autodeterminar-se conforme esse entendimento" (Bacila, 2001, p. 76).

Um portador de doença mental aguda ou uma criança, por exemplo, não assimilam a obediência à norma penal, tampouco podem ser motivados por ela, pois não compreendem seu conteúdo. Dizemos, assim, que são **inimputáveis**.

- Casos de inimputabilidade

Para analisar se a pessoa é ou não imputável, é preciso conhecer os casos de inimputabilidade, que descreveremos a seguir.

Menores de 18 anos

Os menores de 18 anos são inimputáveis (CP, art. 27) e são sujeitos às normas estabelecidas no Estatuto da Criança e do Adolescente (ECA) – Lei n. 8.069, de 13 de julho de 1990 (BRSIL, 1990a).

Embriaguez completa, proveniente de caso fortuito ou força maior

A embriaguez completa, causada pelo álcool, desde que proveniente de caso fortuito ou força maior e desde que o agente seja, ao tempo da ação, inteiramente incapaz de entender o caráter ilícito do ato ou de se determinar de acordo com esse entendimento, exclui a imputabilidade.

Como exemplo de **caso fortuito**, podemos supor a seguinte situação: A não sabe que é hipersensível ao álcool e, ao tomar um caldo de cana, embriaga-se completamente, perdendo a autodeterminação. Como exemplo de **força maior**, imaginemos que B cai em um reservatório de vinho e atinge o mesmo estado físico-psíquico do sujeito do caso anterior.

Aqui, devemos tecer algumas observações:

    a. A **embriaguez voluntária** – ou seja, a pessoa quer embriagar-se – ou a **culposa** – a pessoa bebe e, sem perceber, embriaga-se – não excluem a imputabilidade (CP, art. 28, inc. II).

b. A **emoção** ou a **paixão** não excluem a imputabilidade (CP, art. 28, inc. I).
c. Ainda que por embriaguez proveniente de caso fortuito ou força maior, se o agente tinha alguma capacidade de entender o caráter ilícito do fato ou de se determinar de acordo com esse entendimento, a pena será apenas reduzida, de um a dois terços (CP, art. 28, § 2º,).
d. Em caso de **embriaguez preordenada**, ou seja, o agente se embriaga para cometer o delito – por exemplo, A, para ter coragem ou para tentar fugir da responsabilidade, embriaga-se para matar R –, aplica-se a teoria da *actio libera in causa*: o agente era livre – ou seja, tinha o discernimento – quando imputável e utilizou-se de si mesmo, embriagando-se e tornando-se inimputável, como instrumento do crime. Nesse caso, ele responde pelo delito praticado, como se não estivesse embriagado.
e. No caso de **embriaguez originada por drogas ilícitas**, o tratamento é razoavelmente distinto e aplicam-se os arts. 45 e 46 da Lei n. 11.343/2006 (Bacila; Rangel, 2015).

Deficiente mental ou desenvolvimento mental incompleto ou retardado

O agente que, por deficiência mental ou desenvolvimento mental incompleto ou retardado, era, ao tempo da ação ou omissão, completamente incapaz de entender o caráter ilícito do fato ou de se determinar de acordo com esse entendimento também é inimputável (CP, art. 26).

■ Critérios ou sistemas

Existem três teorias a respeito dos critérios de análise para a detecção da inimputabilidade:

1. **Biológica** – Basta que o agente seja portador da doença mental, no momento da prática da conduta, para ser considerado inimputável.
2. **Psicológica** – São analisadas as condições de entendimento do agente quanto à sua conduta.
3. **Biopsicológica ou mista** – É o critério adotado pelo nosso Código Penal, no *caput* do art. 26, pois, para ser considerado inimputável, além de o agente ter de apresentar deficiência mental ou desenvolvimento mental incompleto ou retardado (critério biológico), também é exigido que ele seja incapaz de entender o caráter ilícito do fato ou de se determinar de acordo com esse entendimento (critério psicológico). É, portanto, a conjugação dos critérios psicológico e biológico.

Observação: se era apenas **diminuído** o discernimento do agente portador de deficiência mental, a pena é reduzida de um a dois terços (CP, art. 26, parágrafo único).

Como exemplo de deficiência mental, temos a esquizofrenia; e, como exemplo de desenvolvimento mental incompleto ou retardado, temos a oligofrenia.

- Consequência jurídica da inimputabilidade

A inimputabilidade tem como consequência a **absolvição do agente**, mas com a aplicação da **medida de segurança** para os portadores de deficiência mental, prevista nos arts. 96 e 97 do Código Penal (internação em hospital psiquiátrico ou outro estabelecimento adequado pelo prazo mínimo de um a três anos). No caso dos semi-imputáveis – pessoas que estão no limite entre a imputabilidade e a inimputabilidade –, aplica-se a pena reduzida de um a dois terços (CP, art. 26, parágrafo único) ou substitui-se a pena por medida de segurança, desde que o condenado necessite de especial tratamento curativo (CP, art. 98).

Esta é a consequência da adoção do **sistema vicariante**: aplica-se a pena **ou** a medida de segurança. O sistema oposto – que não é adotado no Brasil – é o denominado *duplo-binário* ou dos *dois trilhos*; nele, aplica-se a pena somada à medida de segurança.

Potencial conhecimento do ilícito

É um dos assuntos mais complexos da doutrina penal. Nesta seção, vamos resumir suas principais ideias.

O potencial conhecimento do ilícito é a possibilidade de saber que se faz algo não permitido por uma norma penal, segundo as condições socioeconômicas, culturais e psicológicas de cada pessoa.

Problemas

Vejamos a **situação 1**: A não gosta de ler, tampouco de se atualizar a respeito dos assuntos mais importantes do cotidiano, e nunca leu o Código Penal.

Análise: não obstante o que foi dito, A tem o conhecimento vulgar de que não pode matar alguém, difamar, sequestrar etc. Mesmo que A não tenha absoluta certeza de que determinada conduta é criminosa, poderá inteirar-se dos fatos – daí por que falar em **potencial conhecimento do ilícito**. Devemos considerar, ainda, que existe uma presunção legal de que todos conhecem a lei, quer dizer, de que **o desconhecimento da lei é inescusável** (CP, art. 21). Essa é uma forma de tornar viável o ordenamento jurídico. Propomos que você reflita sobre esse assunto.

Agora, vejamos a **situação 2**: J é um homem que sempre viveu e trabalhou em um sítio, sem quase nenhum acesso à cultura urbana. Ao saber que sua filha V perdeu o "estado de virgem" aos 25 anos, J obriga o namorado da moça, sob a mira de uma espingarda, a dirigir-se até a delegacia local, onde pretende casar a inocente V.

Análise: ao agir dessa forma, J praticou o tipo de **constrangimento ilegal**, previsto no art. 146 do Código Penal. Entretanto,

não é culpável – isto é, exclui-se a culpabilidade –, pois sua cultura o limitava a acreditar que era possível o casamento na delegacia e que ele poderia, ainda, obrigar o namorado da filha a tomar o caminho da instituição policial. J incidiu, assim, em **erro de proibição**, abordado a seguir (Bacila, 2001, p. 81).

Se não há culpabilidade por falta do potencial conhecimento do ilícito, não há crime. Para nós, **a culpabilidade também exclui o crime**, entendimento diverso daquele dos autores que afirmam que somente a ausência de tipicidade e de antijuridicidade exclui o delito. Nossa razão é simples: a culpabilidade faz parte do conceito analítico de crime; trata-se de uma avaliação substancial da conduta.

Erro de proibição

Consiste no **erro sobre a ilicitude do fato** (CP, art. 21). É classificado em:

a. Erro de proibição direto

Ocorre quando se erra sobre a existência substancial da norma penal ou seu alcance.

Por exemplo: um holandês de nome A, antes de viajar ao Brasil, recebe a informação da companhia de turismo de que é permitido trazer e vender maconha em nosso país, desde que em pequena quantidade. Ao desembarcar, é preso e autuado em flagrante por tráfico de drogas.

b. Erro de proibição indireto

Pode incidir sobre a amplitude maior de uma causa de exclusão de antijuridicidade (excesso doloso, por exemplo) ou sobre a existência de uma causa de exclusão de ilicitude que, na verdade, não existe: B assiste a uma aula de direito penal e compreende, de forma equivocada, que o consentimento do ofendido pode justificar um homicídio a pedido de terceiro. Um amigo seu, R, solicita que B lhe tire a vida, o que de fato ocorre. Nesse caso, tem-se conhecimento da existência do tipo penal ("matar alguém"), mas acredita-se que há cobertura de uma descriminante, que excluiria a antijuridicidade. Assim, o agente mata, mas crê, erroneamente, que está atuando com o consentimento do ofendido descriminante.

Outra possibilidade é a dúvida sobre o dever de garantidor: o responsável acredita que, após o horário exato para cuidar de um bebê, pode deixá-lo sozinho na casa.

Em ambos os casos, a consequência jurídica refere-se ao potencial conhecimento do ilícito, que exclui a culpabilidade.

Descriminante putativa

A descriminante putativa ocorre quando o agente crê, falsamente, estar atuando em uma situação que justificaria – com uma descriminante – sua ação típica. Por exemplo: o policial E recebe um mandado de prisão para prender A. De fato, prende uma pessoa parecida, mas que foi confundida com o verdadeiro foragido. Com isso, E não praticou os tipos de **sequestro** ou de **abuso de autoridade**, pois acreditava que estava cumprindo seu dever legal.

A consequência jurídica de tal ato é que, no Brasil, o erro sobre a existência de uma situação que legitimaria a conduta típica (descriminante putativa) exclui o dolo, mas permite a punição a título de culpa, se esta existir. Trata-se da aplicação do art. 20, parágrafo 1º, do Código Penal.

c. **Erro de proibição evitável**

Quando há falta de diligência do agente ao avaliar a situação, no erro de proibição direto ou indireto – exceto na descriminante putativa –, dizemos que está em erro de proibição evitável. Ele responderá por crime doloso, se agiu com dolo, ou por crime culposo, mas com a diminuição da pena de um sexto a um terço (CP, art. 21) nos dois casos. No erro de proibição indireto evitável (vencível ou inescusável), se se tratar de descriminante putativa, o agente responderá por crime culposo, se previsto em lei (CP art. 20, § 1º). Por exemplo: A é um turista holandês que deseja conhecer o Brasil. Ele acredita que, no país, é legal a posse de drogas para uso pessoal, mas não tem certeza absoluta. Se ele, em vez de se certificar do assunto, traz consigo drogas para o Brasil, pratica o erro de proibição evitável, pois deveria ter se informado com mais precisão.

d. **Erro de proibição inevitável (invencível ou escusável)**

O erro de proibição, direto ou indireto, é inevitável se, mesmo com todo o empenho empregado para avaliar a situação, o agente incide em erro. No exemplo que formulamos anteriormente, suponhamos que A entra em contato com um escritório de advocacia da Holanda, que o certifica (erroneamente) de que é permitida a posse de drogas para consumo pessoal no Brasil. Com isso, A passa a acreditar que pode portar drogas para consumo pessoal no Brasil e incide em erro inevitável.

A consequência jurídica disso é que não há crime, por falta de culpabilidade (CP, arts. 20, § 1º, e 21).

e. **Erro determinado por terceiro**

Pode excluir a culpabilidade, por falta do potencial conhecimento do ilícito, o erro determinado por terceiro. Por exemplo: S, o carcereiro, encaminha N – seu inimigo – ao carrasco C, informando-lhe – e apresentando documentos falsos – de que N foi condenado à morte (fato inverídico). C executa N, acreditando atuar em estrito cumprimento de dever legal (descriminante de antijuridicidade), mas incidiu em erro.

A consequência jurídica de tal ato é a de que S responde por homicídio, enquanto C incorreu em erro de proibição. O fundamento encontra-se no art. 20, parágrafo 2º, do Código Penal: "Responde pelo crime o terceiro que determina o erro" (Brasil, 1940). Assim, o terceiro responde a título de **dolo** ou **culpa**, e a pessoa induzida em erro pode responder pela prática de tipo culposo se previsto em lei e se agiu com culpa.

Observação: entendemos que o exemplo clássico do médico que entrega um veneno letal para a enfermeira ministrar ao paciente, afirmando tratar-se de medicamento, deve ser analisado como **ausência de tipicidade**, por falta do tipo subjetivo **dolo** – a enfermeira não quis matar ninguém e não agiu com culpa no caso, supondo que não tenha mesmo agido com culpa (Bacila, 2001, p. 83).

Exigibilidade de outra conduta*

Diante das circunstâncias concretas, deve ser exigível conduta diversa da que adotou o agente, pois este poderia motivar-se, normalmente, a não cometer o delito, resistindo a esse impulso.

Caso seja inexigível conduta diversa, não será culpável o agente, e sua conduta não constituirá crime.

Casos de inexigibilidade de outra conduta

Para sabermos quando uma conduta é ou não exigível, seguimos um roteiro de análise dos casos de inexigibilidade de outra conduta, que expomos a seguir.

a. **Coação moral irresistível (*vis compulsiva*)**

É a **pressão psicológica** que não se pode exigir suportar, diante da ameaça. Por exemplo: J (denominado *coator*) sequestra A (vítima), filha de C (denominado *coacto* ou *coagido*), e encaminha a este um bilhete, às 9h, com os seguintes dizeres: "Às 11h – $ 300.000,00 ou A morre". C, que não tem o dinheiro, furta-o.

Como consequência jurídica, temos que:

» **Para C** – Diante da ameaça irresistível, C **não é culpável, por inexigibilidade de outra conduta** (coação moral irresistível).

---

* Este tópico tem como base Bacila (2001).

Observação: se a coação não é irresistível, haverá apenas atenuação da pena aplicada ao coagido (CP, art. 65, inc. III, alínea "c").

» **Para J** – Responde pelo crime de **extorsão mediante sequestro**, previsto no art. 159 do Código Penal.

Observação: nessa espécie de coação moral irresistível, sempre haverá ao menos três sujeitos: o coator (J), o coacto (C) e a vítima (A). Em outro exemplo, temos J (coator), que, apontando uma arma de fogo para C (coacto), obriga-o a matar N (vítima).

O art. 22 do Código Penal oferece a fundamentação jurídica da coação moral irresistível.

b. **Coação física irresistível (*vis absoluta*)**

Vejamos este caso: B coloca uma arma na mão de O, forçando a mão da mulher a apertar o gatilho e matar P.

Trata-se de coação física irresistível, que exclui a própria ação, por falta do elemento **vontade**. Nesses casos, não se analisa a culpabilidade da ação, mas a própria ação.

c. **Obediência hierárquica**

Aquele que, em estrita **obediência à ordem** (a), **não manifestamente ilegal** (b), de **superior hierárquico** (c), pratica uma conduta típica e antijurídica, não é culpável, ou seja, não há culpabilidade em seu ato.

Aqui, devemos analisar o seguinte:

» Se o agente cumprir a ordem de forma diversa, responderá pela parte que modificou.

» Se a ilegalidade é exagerada.

» Se há relação de subordinação de direito administrativo, ou seja, se é cabível aos servidores públicos, não se referindo, portanto, à relação entre patrão e empregado, pois esta pode se resolver pela coação moral irresistível.

Por exemplo: o sargento T determina ao soldado Z que contrate uma obra pública sem licitação. Z acredita honestamente que tal ordem tem fundamento nas leis do Exército e a executa.

A consequência jurídica é que o mandante T responde pelo art. 89 da Lei n. 8.666, de 21 de junho de 1993: "Dispensar ou inexigir licitação fora das hipóteses previstas em lei, ou deixar de observar as formalidades pertinentes à dispensa ou à inexigibilidade" (Brasil, 1993) Por seu turno, Z não é culpável.

O art. 22 do Código Penal também oferece a fundamentação jurídica da coação obediência hierárquica.

Observação: com razão, alguns autores entendem que a obediência hierárquica se refere ao **potencial conhecimento do ilícito**. Efetivamente, isso ocorrerá se o executor da ordem acreditar, por erro invencível, na sua estrita legalidade.

Estrutura da culpabilidade nos crimes culposos*

Nos crimes culposos, a estrutura da culpabilidade é a mesma da dos crimes dolosos, acrescentando-se o elemento **previsibilidade subjetiva do resultado**.

Evoluções doutrinárias a respeito da culpabilidade

A **teoria normativa pura** explica a estrutura da culpabilidade. Essa concepção, como vimos, apresenta as seguintes características:
- » Concebe o dolo e a culpa como integrantes do tipo.
- » Considera a culpabilidade como uma reprovação (censura) da conduta do autor.
- » A culpabilidade apresenta os seguintes elementos: imputabilidade, potencial conhecimento do ilícito e exigibilidade de outra conduta.

---

* Este tópico tem como base Bacila (2001).

Podemos considerar como relevantes, ainda, duas outras posições a respeito da estrutura da culpabilidade:

a. **Teoria psicológica**

Para a teoria psicológica, a culpabilidade é simplesmente o **vínculo psíquico** que liga o agente à sua conduta criminosa, ou seja, é o elemento subjetivo do crime.

O tipo é apenas objetivo, pois o dolo e a culpa se encontram na culpabilidade, acrescidos da **imputabilidade** e da **responsabilidade penal**, sendo esta última o dever jurídico que tem o agente de responder pela ação praticada.

b. **Teoria psicológico-normativa**

Adotada pelos causalistas (sistema causal), também situa o dolo e a culpa na culpabilidade, mas acrescenta os seguintes elementos: imputabilidade, potencial conhecimento do ilícito e exigibilidade de outra conduta, também integrando a culpabilidade.

A exemplo da teoria normativa pura, considera a culpabilidade como um **juízo de reprovação**.

VIII

Exame das teorias da pena, suas espécies e sua aplicação

Praticado o crime, isto é, a ação típica, antijurídica e culpável, em tese, deve ser aplicada a pena. Dizemos *em tese* porque a relação causal entre delito e pena não é automática, plena ou uma consequência certa. É desse assunto que trataremos neste capítulo.

8.1 Punibilidade

Vimos que, segundo a criminologia, muitas pessoas praticam delitos, mas somente algumas delas são criminalizadas. A **criminalização** pode ser **primária**, quando o legislador tipifica a conduta. Nesse processo, temos uma triagem considerável, e o legislador, como ser humano, pode ser influenciado pelo grupo social a que pertence – em determinados casos, pela **subcultura** a qual pertence e até pelo conhecimento adquirido na **associação diferencial**, como já vimos. Nesse momento, as influências pessoais do legislador refletirão nos textos de lei que ele produzirá. Assim, o texto legislativo ideal seria aquele que nega os estigmas e vê a sociedade de forma igualitária.

Depois da criminalização primária, com a elaboração do texto da lei, temos a **criminalização secundária**, que consiste na responsabilização ou incriminação da pessoa, por ter praticado o crime, por intermédio de uma sentença penal. Nesse processo, levamos em conta todas as teorias da criminologia, fundamentalmente desenvolvidas nesta obra. Destaquemos, de maneira geral, a seleção de pessoas para o sistema penal, fator que responsabiliza uns e libera outros da persecução penal. A ausência de pessoas que praticaram crimes das estatísticas criminais denomina-se *cifra oculta*. As teorias da criminologia que nós mencionamos, de uma forma ou de outra, explicaram a criminalidade e, muitas vezes, abordaram o grave problema da não atuação estatal, apesar de constatada a criminalidade de determinado número de pessoas.

A expressão utilizada por Lola Aniyar de Castro (1983) para designar a criminologia, isto é, a **criminologia da reação social**, fornece-nos uma ideia de que a sociedade reage de um modo para crimes praticados por determinadas pessoas e de modo diferente para crimes praticados por outras pessoas.

Sutherland (1940), por intermédio da **teoria da associação diferencial**, foi um importante pioneiro ao mencionar o conjunto de regras dos "diferentes" (por exemplo, executivos), que faz com que a criminalidade se aprenda e se cultive no seu meio, o que evidentemente dificulta a imputação ou atribuição de crime no meio de tais **associados**.

A **subcultura** também nos mostra que aqueles que desenvolvem uma linguagem afim irão apoiar-se mutuamente na hora da responsabilização criminal.

Por outro lado, o **interacionismo simbólico**, corrente à qual se filia, por exemplo, Howard Becker (1973), que estuda os meios nos quais vivem os *outsiders*, ou estranhos, constatou que tais culturas veem as pessoas convencionais sob seu próprio prisma, enquanto a sociedade em geral apresenta uma visão muito distante, e por vezes distorcida, das comunidades de *outsiders*.

De nossa parte, especialmente com apoio na sociologia norte-americana, no conceito de **regras básicas** ou **segundo código** de Cicourel, bem como no conceito de ***Metaregeln*** de Fritz Sack, aliados a um estudo sobre os **estigmas** que se realizou desde suas origens históricas, desenvolvemos inicialmente um conceito contemporâneo de estigma e, equiparando-o às **metarregras**, desenvolvemos uma proposta explicativa da seleção tão desequilibrada de algumas pessoas em detrimento de outras, que escapam facilmente da atribuição de crime.

Assim, o fator que mais influencia a seleção negativa de alguns (exclusão da responsabilidade penal) é o fato de serem estes considerados "normais"; por sua vez, a seleção sistemática e persistente de outros decorre da presença de **estigmas como metarregras**.

Passada essa fase da criminalização secundária, quando se atribui formalmente, por intermédio da sentença, a imputação de a pessoa ter praticado uma ação típica antijurídica e culpável, resta uma nova fase, que consiste na **criminalização terciária**, que é o efetivo cumprimento de pena.

Aqui podemos sentir os mesmos processos de benefícios indevidos aos não estigmatizados e de dureza para os estigmatizados. Por exemplo: um advogado hábil pode ser capaz de procrastinar o procedimento criminal até levá-lo à prescrição, o que seria mais um fator de influência perniciosa dos estigmas, pois tal advogado não atua sozinho, ou seja, tem interação com o juiz, o promotor, o procurador da República, serventuários da Justiça etc.

Enfim, além do estudo das condições de punibilidade ou de aplicação da sanção penal sob a ótica do direito penal e, por conseguinte, das hipóteses de sua impossibilidade de aplicação, conhecida como **causas de extinção de punibilidade**, realizaremos também um estudo criminológico dos fatores que impedem a aplicação da pena, quando já se superou a questão da atribuição formal de crime.

Neste ponto, cabe uma observação simples sobre a aplicabilidade da pena. Não há relação de causalidade automática, isto é, pode ser que, mesmo que a pessoa tenha sido condenada, exista algum motivo legal que impeça a aplicação da pena. O fato é que a não aplicação obrigatória da pena traz um tema para refletirmos e que afeta o direito penal como um todo. De qualquer maneira, vejamos, na sequência, as causas de extinção de punibilidade.

Causas de extinção de punibilidade

O art. 107 do Código Penal anuncia as causas gerais da extinção de punibilidade.

Constatada uma das hipóteses a seguir, o inquérito deve ser arquivado pelo juiz após manifestação do delegado e do Ministério Público (MP). Se o reconhecimento da extinção de punibilidade ocorrer na fase processual, o processo será extinto.

Morte do agente

Se o autor do fato morrer, não há razão para o prosseguimento do inquérito ou processo (CP, art. 107, inc. I). É o caso de *mors omnia solvit*, ou "a morte tudo resolve", como diziam os romanos.

Anistia, graça ou indulto

Anistia é a promulgação de uma lei federal que considera as infrações penais já praticadas excluídas de punição (CP, art. 107, inc. II). Diferencia-se da *abolitio criminis* (inc. III), porque esta deixa de considerar o fato típico, enquanto a anistia perdoa os envolvidos em crimes praticados em determinada época. Na *abolitio criminis*, os fatos posteriores não mais serão considerados crime; na anistia, somente fatos pretéritos serão atingidos.

O art. 5º, inc. XLIII, da Constituição de 1988 considera os **crimes hediondos** e equiparados insuscetíveis de anistia. Contudo, se a anistia foi concedida antes da Constituição, ela não pode mais ser revogada.

A **graça** – ou indulto individual, segundo o art. 187 da Lei de Execução Penal (LEP) – Lei n. 7.210, de 11 de julho de 1984 (Brasil, 1984) – beneficia somente a pessoa individualmente contemplada.

Por último, **indulto** é medida de caráter coletivo que abrevia o cumprimento da pena. Tanto a graça como o indulto são expedidos pelo presidente da República, que pode delegar tal função.

Embora o art. 5º, inciso XLIII, da Constituição determine que são vedadas a anistia e a graça para os crimes hediondos, a Lei de Crimes Hediondos (Lei n. 8.072, de 25 de julho de 1990 – Brasil, 1990b) também incluiu o indulto.

Retroatividade de lei que não mais considera o fato criminoso

É a chamada *abolitio criminis* (CP, art. 107, inc. III). Se a sociedade entende que determinado fato não deve continuar a ser punido como crime, os casos em andamento igualmente não devem ser punidos. Nesse sentido, considerem-se também o art. 5º, inciso XL, da Constituição Federal e o art. 2º, *caput*, do Código Penal.

Prescrição, decadência e perempção

A **decadência** (CP, art. 107, inc. IV) é a perda do direito de oferecer queixa (ação penal privada) ou representação (condição de procedibilidade da ação penal pública condicionada).

Via de regra, o prazo para oferecer queixa ou representação é de seis meses, conforme o art. 103 do Código Penal (Brasil, 1940) e o art. 38 do Código de Processo Penal – CPP (Brasil, 1941).

A **perempção** ocorre na ação penal privada: se o querelante deixa de dar andamento ao feito, nos prazos estipulados, extingue-se o processo. Por exemplo, ele não dá andamento ao procedimento no prazo de 30 dias seguidos ou, quando não há substituto após a morte do querelante, no prazo de 60 dias (CPP, art. 60).

A **prescrição** é a perda do direito de punir do Estado em razão do decurso do prazo. A prescrição divide-se em:

a. **Prescrição da pretensão punitiva** – Ocorre pela falta de condenação.

b. **Prescrição da pretensão executória** – Ocorre pela falta de efetiva aplicação da pena.

Os prazos prescricionais são regulados pelo art. 109 do Código Penal (Brasil, 1940).

Antes da condenação, calcula-se a prescrição pela pena máxima em abstrato. Após o trânsito em julgado, calcula-se conforme a pena concreta aplicada.

Renúncia do direito de queixa ou perdão do ofendido aceito

Na ação penal privada, o autor pode renunciar expressamente ao direito de queixa, antes de intentar a ação (CP, art. 107, inc. V). A **renúncia** pode ser **expressa**, quando é declarada, ou pode ser **tácita**, quando a vítima (querelante) pratica ato incompatível com o direito de queixa – por exemplo, convida o autor do crime para uma festa.

O **perdão do ofendido** também ocorre exclusivamente nos crimes de ação penal privada e é ato bilateral que depende da aceitação do ofendido.

Retratação

A retratação (CP, art. 107, inc. VI) pode ocorrer nos **crimes contra a honra**, no caso de calúnia e difamação, desde que o autor reconheça expressamente que as alegações que fez não são verdadeiras (CP, art. 143). No crime de **falso testemunho** (CP, art. 342), caso o agente se retrate antes da sentença do processo no qual ocorreu o ilícito, também ocorre a extinção de punibilidade.

Perdão judicial, nos casos previstos em lei

No homicídio culposo, por exemplo, se as consequências do delito geram efeitos tão graves para o autor que a aplicação da pena seja desnecessária, o juiz pode aplicar o perdão judicial (CP, art. 107, inc. IX; art. 121, § 5º).

Reflexão sobre a pena

Consideremos a seguinte fala: "Pena, S, que tu não me ligaste antes. Nosso relacionamento poderia ter sido outro. Cancelei, inclusive, uma entrega de rosas para ti encomendadas. Mas, pensando bem, foi melhor para todos".

A palavra *pena*, como empregada no parágrafo acima, expressa um lamento, um desprazer. De certa forma, a pena no sentido jurídico é uma lamúria – porque significa que as barreiras éticas da sociedade falharam – e um substituto da vingança – porque substitui a vingança privada e a vingança coletiva e implica uma resposta direta ao mal representado pelo crime.

Por outro lado, a pena é um "bem necessário", pois, substituindo a vingança privada e coletiva, nos casos de delitos graves, é o meio disponível para a proteção de bens jurídicos e para a solução de conflitos de alta lesividade.

"Mas, pensando bem, foi melhor para todos". Essa frase tem o sentido de que, em uma democracia liberal, para que o Estado faça cumprir a lei, muitas vezes precisa utilizar-se da força, a qual, no direito penal, tem a forma de pena/sanção.

8.2 Termos básicos

Após o sujeito ter praticado uma ação criminosa (típica, antijurídica e culpável), há uma consequência que lhe impõe o direito: a pena.

Crime ⟶ Pena (sanção)
Consequência jurídica

Portanto, a pena é a forma pela qual o direito penal sanciona as condutas delitivas. Vem daí a **sanção**, que existe em qualquer ramo do direito e que, no direito penal, expressa-se por meio da pena.

Consideremos um exemplo: C é inquilina de D e deixa de pagar os aluguéis devidos. Para essa "não prestação" de C, o direito civil prevê as seguintes sanções: despejo e execução dos aluguéis contra C ou contra o seu fiador. Essa é a sanção do direito civil. Vejamos outro exemplo: S mata seu pai I, com o objetivo de herdar uma expressiva fortuna. Logo, para a "não prestação" da preservação da vida humana, a sanção prevista é a pena de reclusão, de 12 a 30 anos (homicídio qualificado por motivo torpe: CP, art. 121, § 2º, inc. I).

Assim, a sanção é a consequência da "não prestação" de um dever jurídico.

A sanção é tão importante para o direito, que o matemático e jusfilósofo Hans Kelsen a chamou de *norma primária*.

Três outros conceitos importantes no trato com a teoria das penas são a coerção, a coação e a cominação, assim definidas:

a. **Coerção** – É o efeito intimidativo que a ameaça da sanção deve causar no sujeito.
b. **Coação** – Se a coerção não inibir o cometimento do crime, o agente deve se submeter ao cumprimento da pena; será, então, utilizada a força legal do Estado, denominada de *coação*.
c. **Cominação** – Para Basileu Garcia (1968), "cominação é a ameaça contida em abstrato na pena". Por exemplo: "pena – reclusão, de 12 (doze) a 30 (trinta) anos" (CP, art. 121, § 2º; Brasil, 1940).

Os conceitos analisados encontram-se sintetizados na Figura 8.1:

Figura 8.1 – Terminologia ligada à sanção penal

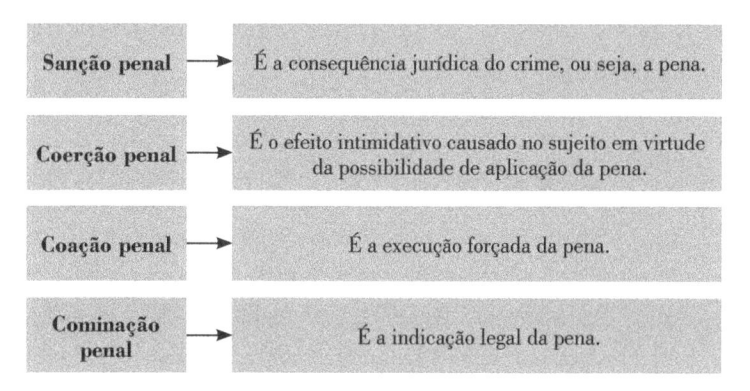

Sanção penal	É a consequência jurídica do crime, ou seja, a pena.
Coerção penal	É o efeito intimidativo causado no sujeito em virtude da possibilidade de aplicação da pena.
Coação penal	É a execução forçada da pena.
Cominação penal	É a indicação legal da pena.

Vejamos, na sequência, o conceito de pena.

8.3 Conceito de pena

A pena é a **perda ou restrição de um bem jurídico**, aplicada legalmente pelo Estado, mediante condenação judicial, em função da prática de um crime.

Bem jurídico são aqueles elementos que a sociedade aponta como indispensáveis para sua manutenção, equilíbrio e existência.

É um **interesse social** que, por ser garantido pelo Estado – por meio do direito –, torna-se **jurídico**. Daí porque falamos *bem jurídico*. Em nosso livro sobre a Lei de Drogas, juntamente com o professor Paulo Rangel (Bacila; Rangel, 2015, p. 74), mencionamos a crescente

> *desindividualização da ideia de bem jurídico, a ponto de apontar-se que, quando se diz que o bem jurídico tutelado no tipo de homicídio é a vida humana, refere-se à vida humana em geral como matéria de proteção jurídica, mas não à vida do indivíduo afetado. Destarte, a lesão individual também está contida no conceito geral de bem jurídico.*

A pena somente pode ser aplicada por um juiz ou tribunal, após um procedimento criminal – é o chamado **princípio da judiciariedade**.

Aplicando a pena, o direito penal executa seu direito subjetivo, o *jus puniendi*: o direito – e dever – de punir.

Aqui vamos adotar como síntese a lição do professor Francesco Carrara (1956, p. 39), que, no seu *Programa do curso de direito criminal*, apresenta um conceito de pena: "Aquele mal que a autoridade pública inflige a um culpado em razão de delito por ele praticado".

Uma curiosidade: o povo italiano denominou Carrara de *il professore*, em virtude da admiração que tinha por esse mestre nascido em Lucca, na Toscana, em 18 de setembro de 1805, não obstante sua modéstia, que o fazia se denominar *cittadino lucchese e plebeo* ("cidadão humilde de Lucca").

8.4 Fundamentos e finalidades da pena

Quer seja para a realização da justiça, quer seja para se alcançar a paz social, a pena se consubstanciou na resposta mais sensível que a sociedade adotou para manter seu equilíbrio. Atualmente, mais do que fundamentar a pena, a discussão no âmbito penal vai no sentido de **limitar a atuação estatal, garantindo a aplicação de um direito penal democrático.**

Teorias sobre as finalidades das penas

Nesta seção, examinaremos um dos temas mais inconclusivos do direito penal, que consiste em estabelecer se existe ou não uma finalidade para a pena. Vejamos os principais apontamentos doutrinários nesse sentido.

Teorias absolutas

Para a **teoria retribucionista**, a sanção penal é uma **retribuição** ou **repressão** pelo mal causado pelo crime. É uma questão de justiça, simplesmente. Afinal, segundo essa concepção, o ser humano tem livre-arbítrio para agir ou não conforme o direito, assumindo as consequências de suas ações.

Se o Estado aproveitar a oportunidade de aplicação da pena e recuperar o criminoso, tanto melhor, mas essa será uma questão de política criminal, não de direito penal.

Por exemplo: S pratica o crime de **latrocínio** (mata para furtar), previsto no art. 157, parágrafo 3º, parte final, do Código Penal, e é condenada a uma pena de reclusão de 26 anos porque é uma **retribuição da ação criminosa que praticou** e uma **questão de justiça**.

Teorias preventivas

Para as teorias preventivas, ou utilitárias, finalistas, ou de prevenção geral ou especial, a finalidade da pena é a **defesa** e a **segurança da sociedade**.

Há uma **prevenção geral,** pois as pessoas em geral ficarão **intimidadas** por constatarem que S, por exemplo, cumpre uma pena rigorosa em função do delito que praticou. Sob essa ótica, temos uma **prevenção geral negativa**, pela intimidação ou pelo medo. Contudo, podemos entender que o cumprimento da pena restabelece a confiança no direito. Nesse sentido, temos uma **prevenção geral positiva**.

A **prevenção especial** denomina-se **prevenção especial positiva** quando se entende que S, a autora do crime, será recuperada ou ressocializada. Caso contrário, quando a condenada é afastada do convívio social, pois estará segregada no cárcere, estamos no âmbito da **prevenção especial negativa**. Esta última também tem relação com o medo que S poderá ter de se submeter novamente a uma pena caso pratique outro delito.

Por exemplo: S é condenada a 26 anos de reclusão por ter praticado latrocínio, porque ela deverá ser **recuperada socialmente** (prevenção especial positiva) e porque **sua punição servirá de exemplo para toda a comunidade** (prevenção geral negativa).

Teorias mistas (ecléticas)

As teorias mistas procuram conciliar as teorias absolutas e as teorias relativas: a pena **retribui o mal do crime**, mas também é **útil para prevenir** a ocorrência de outros delitos. Por exemplo: S foi condenada a 26 anos de reclusão porque isso é uma **retribuição ao crime praticado**, assim como para que sirva de **exemplo social** e **para que ela se recupere**.

Em seu art. 59, o Código Penal adotou a teoria eclética, ao estabelecer que o juiz aplicará a pena conforme seja "necessário e suficiente para reprovação e prevenção do crime" (Brasil, 1940). No termo *reprovação*, temos a ideia **retributiva**. Por outro lado, a palavra *prevenção* do texto legal demonstra a aceitação da concepção **preventiva**.

Crítica às teorias

A **pena** é essencialmente **retributiva** – em sentido lógico –, pois sempre implicará a resposta a determinado delito e jamais uma procura temerária por "pessoas perigosas", como induziria uma teoria utilitária aplicada ao extremo.

Mesmo que a pena ou o sistema penal fossem totalmente deslegitimados, consoante argumentou magistralmente o professor Eugenio Raúl Zaffaroni, em seu livro *Em busca das penas perdidas* (1991), a pena, aplicada nos moldes da história da humanidade, sempre foi uma **resposta direta ao delito** e, portanto, uma **retribuição lógica**.

Entretanto, enquanto não são resolvidas em definitivo as questões racionais e existenciais da pena, temos uma necessidade inadiável de uma **política criminal penitenciária**, programada pelo Estado, para que o cumprimento da pena ocorra de maneira civilizada e compatível com nossa geração, deixando de se tornar a sanção penal uma punição infinitamente maior do que o estabelecido na sentença judicial condenatória.

Por exemplo: I é condenado a 18 anos de reclusão por crime de latrocínio e, no interior do estabelecimento penitenciário, contrai Aids em virtude de promiscuidade, desordem, superpopulação e violência carcerárias, vindo a morrer em função desses fatores.

Consequência disso é que a **retribuição jurídica** de I consistiu em uma **reclusão abstrata de 18 anos**, porém sua pena "**real**" foi a **morte**, ocasionada pela desídia estatal e societária. É como se lhe houvesse aplicado o Código Criminal Brasileiro de 1830, do Império, que, no seu art. 271, comina pena capital para o "roubo com morte" (Brasil, 1830).

Para nós, a solução está na adoção de um **plano multiescalonado de aplicação da pena**: ao **direito penal** cabe a definição da justa retribuição, com parâmetros de "legitimação" do seu discurso jurídico; ao **Estado** incumbe aceitar a doutrina penal "legitimada", assim como adotar uma política penitenciária, sobretudo criativa e humana, concomitante ao direito da execução penal; por último, à **sociedade** resta a recepção adequada daquele que cumpriu a pena e pretende se regenerar. Ressaltamos que todos esses aspectos devem estar em interação harmônica.

Finalmente, cabe-nos apontar como caráter da pena o **fator de contenção do poder estatal**. A pena deve ser limitada, e o poder estatal deve ser controlado por um direito democrático, alcançando-se, assim, garantias dos direitos humanos a toda a sociedade.

A Figura 8.2 apresenta uma síntese sobre as finalidades da pena.

Figura 8.2 – Finalidades da pena

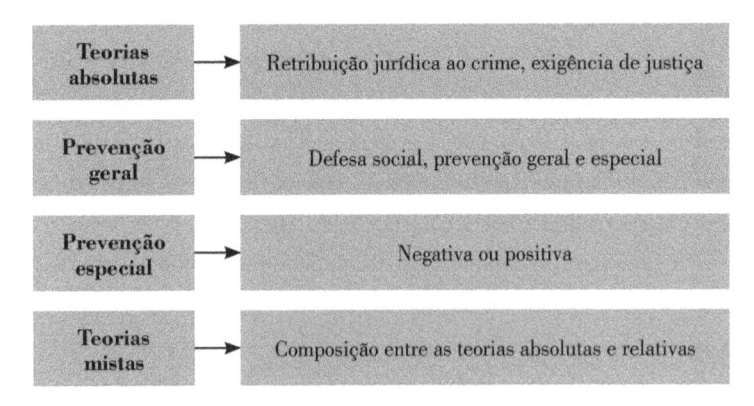

Teorias absolutas	Retribuição jurídica ao crime, exigência de justiça
Prevenção geral	Defesa social, prevenção geral e especial
Prevenção especial	Negativa ou positiva
Teorias mistas	Composição entre as teorias absolutas e relativas

A seguir, apresentaremos uma reflexão sobre até que ponto o Estado pode ir para dirigir o comportamento humano.

■ Ideologia do tratamento e "tirania terapêutica"

O que não pode ocorrer na fase de execução da pena é a **ideologia do tratamento**, que representa uma coação para ressocializar o preso, atingindo-lhe a liberdade na parte não alcançada pela condenação judicial, com o Estado exercendo uma espécie de "tirania terapêutica", na expressão de Nicholas Kittrie (Dias; Andrade, 2013, p. 18).

Sobre esse assunto, apresentamos a seguinte reflexão:

> O que nega o Direito – geral, abstrato, para todos – é a estigmatização. Logo, a negação de estigmas é a reafirmação do Direito. O Direito não se torna, com a negação de estigmas, mais débil, mas preserva suas características fundamentais, protegendo as pessoas que têm sido descritas e tratadas com uma inferioridade injustificável.
> (Bacila, 2015b, p. 217-218)

Para aprofundamento sobre esse tema, sugerimos a leitura de nosso livro *Criminologia e estigmas: um estudo sobre os preconceitos* (Bacila, 2015b).

8.5 Princípios ou características das penas

A experiência humanitária das penas trouxe a reflexão sobre alguns princípios fundamentais que devem ser respeitados no trato do assunto. Vejamos a seguir quais são eles.

■ Legalidade

Como escreve Beccaria (2000, p. 20) em sua obra *Dos delitos e das penas*, "Apenas as leis podem indicar as penas de cada delito".

Observamos que Beccaria foi o consolidador do **princípio da legalidade**. Esse princípio também foi defendido por Paul Johann Anselm Ritter von Feuerbach (1775-1833) com a máxima *nullum crimen, nulla poena sine lege*.

Assim, não é suficiente a tipificação da conduta: também se faz necessária a **especificação legal da pena**.

A previsão legal de tal regra se encontra no art. 1º, segunda parte, do Código Penal: "não há pena sem prévia cominação legal" (Brasil, 1940). Ademais, a Constituição Federal, em seu art. 5º, inciso XXXIX, estabelece: "não há crime sem lei anterior que o defina, **nem pena sem prévia cominação legal** [...]" (Brasil, 1988, grifo nosso)

■ Personalidade

A pena somente pode atingir o condenado criminalmente, sem jamais causar danos a outras pessoas, como parentes e amigos.

Por exemplo: S praticou homicídio simples, com a cominação de pena de reclusão de 6 (seis) a 20 (vinte) anos. Essa condenação não poderá atingir familiares de S.

A previsão legal para tal encontra-se na Constituição Federal, em seu art. 5º, inciso XLV: "nenhuma pena passará da pessoa do condenado [...]" (Brasil, 1988).

Esse princípio decorre da natureza retributiva da pena ao fato praticado por um autor determinado, sem ultrapassar a pessoa que praticou o delito.

■ Individualização

Trata-se da **especificação da pena**, desde a cominação legal (a) até a sentença judicial (b) e a execução (c).

Por exemplo: no caso anterior, S praticou homicídio simples, com a cominação (a) de pena de reclusão de 6 (seis) a 20 (vinte) anos. É condenada pelo juiz a uma pena de 12 (doze) anos de reclusão a se iniciar em regime fechado (b) e, no período de execução da pena, caberá a progressão (para os regimes semiaberto e aberto), ou não, a depender do comportamento de S (c).

A previsão legal desse princípio encontra-se na Constituição Federal, em seu art. 5º, inciso XLVI: "a lei regulará a individualização da pena" (Brasil, 1988).

Isonomia

Os **princípios da isonomia e da humanidade** são mencionados por José Eduardo Goulart, em sua monografia *Princípios informadores do direito da execução penal* (1994).

O princípio da isonomia está contido no art. 3º, parágrafo único, da LEP, que estabelece: "Não haverá qualquer distinção de natureza racial, social ou política" (Brasil, 1984).

Assim, não é permitido fornecer tratamento inferior àquele que cumpre pena, por sua diferença e cor, procedência nacional, condição econômica ou opção política ou religiosa.

Humanidade

O princípio da humanidade está previsto no art. 5º, inciso XLIX, da Constituição Federal: "é assegurado aos presos o respeito à integridade física e moral". O inciso XLVII estabelece:

> XLVII – não haverá penas:
> a. de morte, salvo em caso de guerra declarada, nos termos do art. 84, inciso XIX;
> b. de caráter perpétuo;
> c. de trabalhos forçados;
> d. de banimento;
> e. cruéis (Brasil, 1988)

Em sua obra fundamental, Beccaria (2000, p. 44) apresentou ainda o seguinte paradoxo: "os tormentos mais terríveis podem provocar às vezes a impunidade". Devemos refletir sobre essa afirmação.

■ Proporcionalidade

Deve haver uma justa proporção entre o delito praticado e a pena cominada e aplicada ao agente. Por exemplo: não há proporção ao se condenar S a uma pena de reclusão de 20 anos pelo simples furto de uma camisola, praticado em uma loja de roupas.

A previsão legal desse princípio encontra-se na Constituição Federal, art. 5º, inciso XLVIII: "a pena será cumprida em estabelecimentos distintos, de acordo com a natureza do delito [...]" (Brasil, 1988).

■ Inderrogabilidade

O que importa ao direito penal é a certeza da aplicação da pena após a condenação. Por isso, deve-se evitar modificar ou abolir a pena após a sentença condenatória. Exceções a esse princípio são o perdão judicial, a graça, o indulto, o livramento condicional etc.

■ Exclusividade dos meios específicos de pena

Para Hans Welzel (1956, p. 8), ex-professor da Universidade de Bonn na Alemanha, "a grave intervenção na vida, na liberdade e na honra das pessoas que a pena supõe (e a privação preventiva da liberdade), o Estado só poderá exercê-la dentro do Direito Penal". Por exemplo: em uma infração trabalhista, praticada por um empregado ou pelo empregador, não tem cabimento a aplicação de uma pena.

8.6 Espécies e regimes de penas

Em primeiro lugar, questionamos: existe **pena de morte** no Brasil?

O Código Penal brasileiro estabelece três espécies de pena em seu art. 32: privativas de liberdade, restritivas de direitos e de multa.

A Constituição Federal também faz enumeração exemplificativa das espécies de penas permitidas, em seu art. 5º, inciso XLVI:
a. privação ou restrição da liberdade;
b. perda de bens;
c. multa;
d. prestação social alternativa;
e. suspensão ou interdição de direitos.

Então, perguntamos: **pode haver** pena de morte no Brasil? Resposta: **sim**, mas a única hipótese de aplicação da pena de morte – ou pena capital no direito positivo brasileiro, ou seja, em nossa legislação – é em caso de guerra, declarada pelo presidente da República.

Cabe destacarmos que o art. 5º, inciso XLVII, da Carta Magna proíbe a aplicação das seguintes penas:
a. de morte, salvo em caso de guerra declarada pelo presidente da República;
b. de caráter perpétuo;
c. de trabalhos forçados;
d. de banimento;
e. cruéis.

Vejamos agora como são aplicadas as penas previstas no Código Penal. Observemos, inicialmente, que não existem mais as denominadas *penas acessórias* no direito brasileiro; esta era uma denominação atribuída a algumas penas restritivas de direitos, que eram consequências das penas denominadas *principais*. Atualmente, as penas restritivas de direitos constituem penas autônomas.

▮ Penas privativas de liberdade

A seguir, veremos como funciona a sistemática das penas privativas de liberdade, para responder, ao final:
a. Quanto tempo, efetivamente, o condenado deverá ficar preso em regime fechado? Por quê?

b. É possível que o condenado, durante o cumprimento da pena em regime semiaberto ou aberto, regrida para o regime fechado? Em quais circunstâncias?

A pena privativa de liberdade é a de **prisão**. Como estabelece o art. 33 do Código Penal, pode ser aplicada sob as formas de **reclusão** (para crimes dolosos, nos regimes fechado, semiaberto ou aberto) ou de **detenção** (para crimes dolosos ou culposos, em regime semiaberto ou aberto).

Regime fechado

No regime fechado, a pena é executada em estabelecimento de segurança máxima ou média. É o regime inicial do condenado a uma pena superior a oito anos. O condenado tem direito ao trabalho diurno comum – dentro ou fora do estabelecimento, em serviços ou obras públicas – e isolamento durante o repouso noturno (CP, art. 34).

As mulheres cumprem pena em estabelecimento próprio (CP, art. 37), assim como as pessoas maiores de 60 anos (LEP, art. 82, § 1º).

O trabalho do preso será sempre remunerado, sendo-lhe garantidos os benefícios da Previdência Social (CP, art. 39). O condenado à pena igual ou inferior a oito anos, o condenado pela prática de crime hediondo, ou por prática de tortura, ou tráfico ilícito de drogas e terrorismo deverão iniciar o cumprimento da pena em regime fechado (art. 2º, § 1º, da Lei dos Crimes Hediondos – Lei n. 8.072/1990).

Regime semiaberto

No regime semiaberto, realiza-se a execução da pena em colônia agrícola, industrial ou estabelecimento similar. É o regime inicial do condenado **não reincidente**, cuja pena seja superior a quatro anos, mas não exceda a oito (CP, art. 35, § 1º).

Regime aberto

No regime aberto, deve-se utilizar casa de albergado ou estabelecimento adequado. É o regime inicial do condenado não reincidente, cuja pena seja igual ou inferior a quatro anos. Ele é recolhido durante o período noturno e nos feriados (CP, art. 36).

Sistema progressivo

Nosso mecanismo jurídico-penal adota o sistema progressivo, que consiste no fato de o condenado iniciar o cumprimento da pena privativa de liberdade em um regime mais rígido e, **progressivamente**, passar para regimes mais brandos, conforme seu próprio mérito.

Observação: todavia, em nosso país também pode ocorrer o inverso, ou seja, em função da má conduta do condenado, é aplicada a regressão. Por exemplo: S é condenada a dez anos de reclusão. Começa a cumprir a pena em regime fechado, passa para o regime semiaberto – até aqui ocorreu a **progressão** –, mas, na sequência, antes de concluir o cumprimento da pena, comete uma falta grave, devendo terminar o prazo restante em regime fechado – aqui houve a **regressão**.

Progressão e regressão

Na LEP (Lei n. 7.210/1984) a **progressão** do cumprimento da pena privativa de liberdade está prevista no art. 112: "com a transferência para regime menos rigoroso, a ser determinada pelo juiz, quando o preso tiver cumprido ao menos um sexto da pena no regime anterior e seu mérito indicar a progressão" (Brasil, 1984).

A mesma LEP prevê a **regressão**, no art. 118, da seguinte maneira:

> Art. 118. A execução da pena privativa de liberdade ficará sujeita à forma regressiva, com a transferência para qualquer dos regimes mais rigorosos, quando o condenado:
> I – praticar fato definido como crime doloso ou falta grave;
> II – sofrer condenação, por crime anterior, cuja pena, somada ao restante da pena em execução, torne incabível o regime (art. 111). (Brasil, 1984)

Dito isso, a seguir veremos os deveres e os direitos dos presos.

Deveres e direitos dos presos

Os deveres e os direitos dos presos estão previstos no art. 38 e seguintes da LEP, à qual remetemos o leitor.

São exemplos de **deveres** do preso: comportamento disciplinado, obediência ao servidor, indenização à vítima ou aos seus sucessores, higiene pessoal e trabalho (exceto o condenado por crime político).

São exemplos de **direitos**: alimentação suficiente e vestuário, atribuição de trabalho e sua remuneração, exercício das atividades profissionais, intelectuais, artísticas e desportivas anteriores, desde que compatíveis com a execução da pena etc.

O Código Penal é claro ao estabelecer, em seu art. 38, que "o preso conserva todos os direitos não atingidos pela perda da liberdade, impondo-se a todas as autoridades o respeito à sua integridade física e moral". Aqui, sugerimos que você releia o tópico referente aos princípios ou características das penas.

Superveniência de deficiência mental

Como estabelece o art. 41 do Código Penal, "O condenado a quem sobrevém doença mental deve ser recolhido a hospital de custódia e tratamento psiquiátrico ou, à falta, a outro estabelecimento adequado" (Brasil, 1940).

Por exemplo: I cumpre pena pela prática do crime de estupro praticado contra S (CP, art. 213). Na convivência diária do cárcere, torna-se portador de deficiência mental.

São consequências disso:
a. I deverá ser transferido para um estabelecimento adequado ao seu tratamento;
b. ser-lhe-á aplicada a **detração** – nosso próximo tópico;
c. o juiz poderá substituir a pena por medida de segurança (LEP, art. 183).

A seguir, veremos que o tempo de detenção provisória da pessoa deve ser descontado de sua pena.

Detração penal

A detração penal está relacionada à seguinte regra: o tempo de prisão provisória, no Brasil ou no estrangeiro, e o de internação em hospital de custódia e tratamento psiquiátrico ou similar deve ser descontado quando ocorrer a execução da pena privativa de liberdade ou medida de segurança (CP, art. 42).

Por exemplo: A fica preso provisoriamente durante um ano, tempo que será contado como pena efetivamente cumprida e subtraído quando A estiver cumprindo a condenação final.

Em síntese, a detração para a pena privativa de liberdade e medida de segurança ocorre nas seguintes situações:
» preso autuado em flagrante delito (CPP, art. 302; Brasil, 1941);
» prisão preventiva (CPP, art. 311; Brasil, 1941);
» prisão temporária (Lei n. 7.960, de 21 de dezembro de 1989; Brasil, 1989);
» outras prisões provisórias, se houver;
» internação em hospital de custódia e tratamento psiquiátrico e similares (CP, art. 41; Brasil, 1940).

▪ Remição

A cada três dias de trabalho do preso, será reduzido um dia de permanência na prisão. Esse é o instituto da **remição**, assim expresso: "O condenado que cumpre a pena em regime fechado ou semiaberto poderá remir, pelo trabalho, parte do tempo de execução da pena" (LEP art. 126 e § 1º; Brasil, 1984).

▪ Cálculo da pena

O cálculo da pena segue um caminho de três fases, denominado de **sistema trifásico**. A primeira fase visa a estabelecer a **pena-base**, levando em conta as **circunstâncias judiciais** previstas no art. 59 do Código Penal, que trata da verificação da culpabilidade, antecedentes, conduta social, personalidade do agente, motivos, circunstâncias e consequências do crime e comportamento da vítima.

A segunda fase visa a **dosar a pena** provisória e refere-se às **circunstâncias atenuantes** (CP, arts. 65 e 66) e **agravantes** (CP, arts. 61 e 62).

Por último, a terceira fase objetiva encontrar a **pena definitiva** e refere-se às **causas de diminuição** – como: a tentativa, prevista no art. 14, inciso II, do Código Penal, que possibilita a redução de um terço a dois terços da pena – e **aumento de pena** – como as causas de aumento do art. 40 da Lei de Drogas – Lei n. 11.343, de 23 de agosto de 2006 (Brasil, 2006), que prevê aumento de um sexto a dois terços da pena (Bacila; Rangel, 2015, p. 133). Em seguida, verifica-se a possibilidade ou não de substituição da pena por uma pena restritiva de direito.

▪ Penas restritivas de direitos

As condições desumanas e precárias da vida no cárcere (pena privativa de liberdade) tornaram fundamentais as penas restritivas de direitos, aplicadas nos casos de crimes de menor gravidade, para evitar que as pessoas condenadas por crimes fossem indistintamente contaminadas pela degradante vida nas penitenciárias.

Logo, há casos em que **as penas restritivas de direitos substituem as penas privativas de liberdade**, daí sua característica de serem **substitutivas**, pois "são aplicáveis, independentemente de cominação na parte especial, em substituição à pena privativa de liberdade", conforme o art. 54 do Código Penal (Brasil, 1940).

Também são consideradas **penas autônomas**, ou seja, são independentes, suficientes para suprir a condenação à pena privativa de liberdade, a qual substituem.

Por exemplo: S, ao dirigir seu carro com imperícia, atropela e causa a morte de I. É condenada a uma pena de detenção de dois anos por homicídio culposo, que é **substituída** por uma pena restritiva de direitos, evitando-se, com isso, que S sofra os efeitos das cadeias públicas. Veremos adiante outras formas de evitar o cumprimento da pena na prisão, como é o caso da suspensão condicional da pena.

Espécies

Com base nos arts. 43 a 48 do Código Penal, as hipóteses em que têm cabimento as penas restritivas de direitos são as seguintes:
  a. **Prestação pecuniária** – Consiste no pagamento em dinheiro à vítima, a seus dependentes ou a entidade pública ou privada com destinação social (CP, art. 45 e parágrafos).
  b. **Perda de bens ou valores** – Deve se dar em favor do Fundo Penitenciário Nacional (CP, art. 45, § 3º).
  c. **Limitação de fim de semana** – Trata-se da obrigação de o condenado permanecer, aos sábados e domingos, por cinco horas diárias, em casa de albergado ou estabelecimento adequado (CP, art. 48).
  d. **Prestação de serviços à comunidade** – Consiste na atribuição de tarefas gratuitas a serem realizadas em entidades

assistenciais, hospitais, escolas, orfanatos etc. O critério para sua adoção é a aptidão do condenado, sem lhe prejudicar o horário de trabalho (CP, art. 46).

e. **Interdição temporária de direitos** – Aqui, as hipóteses são as seguintes (CP, art. 47):
   » proibição do exercício de cargo, função ou atividade pública, bem como de mandato eletivo, em especial quando há relação com o delito praticado;
   » proibição do exercício de profissão, atividade ou ofício que dependam de habilitação especial, de licença ou autorização do Poder Público (por exemplo: despachante);
   » suspensão de autorização especial ou de habilitação para dirigir veículo;
   » proibição de frequentar determinados lugares;
   » proibição de se inscrever em concurso, avaliação ou exames públicos.

Conforme verificamos, essas penas restritivas de direitos têm a importante finalidade de substituir o cumprimento da pena na forma de prisão. Vejamos a seguir as condições para a aplicação de tais penas.

Condições para aplicação das penas restritivas de direitos

As circunstâncias em que podem ser aplicadas as penas restritivas de direitos (CP, art. 44) são as seguintes:

a. quando aplicada pena privativa de liberdade não superior a quatro anos e o crime não for cometido com violência ou grave ameaça à pessoa;

b. qualquer seja a pena aplicada, se o crime for culposo;

c. quando o réu não for reincidente em crime doloso ou, se reincidente, a reincidência não seja pela prática do mesmo delito e a medida seja socialmente recomendável;

d. quando a culpabilidade, os antecedentes, a conduta social e a personalidade do condenado, bem como os motivos e as circunstâncias indicarem que essa substituição seja suficiente.

Observação: na condenação igual ou inferior a um ano, a pena privativa de liberdade aplicada **pode ser** substituída por uma pena restritiva de direitos ou multa; se superior a um ano, a pena privativa de liberdade **pode ser** substituída por uma pena restritiva de direitos e multa ou por duas restritivas de direitos. Destacamos a expressão *pode ser* do texto do art. 44, parágrafo único, pois, se as condições forem todas preenchidas, a pena **não pode** mas **deve** ser substituída.

Conversão das penas restritivas de direitos

A palavra *conversão* deriva do verbo *converter* e, no nosso caso, significa a troca de uma espécie de pena por outra.

A conversão pode ser **desfavorável** para aquela pessoa que cumpre pena restritiva de direitos, quando esta é convertida em pena privativa de liberdade. Segundo o parágrafo 4º do art. 44 do Código Penal, a **conversão desfavorável** ocorre quando:

a. sobrevier condenação, por outro crime, a pena privativa de liberdade, cuja execução não tenha sido suspensa, desde que não seja possível cumprir a pena substitutiva anterior. Por exemplo: durante o cumprimento da pena restritiva de direitos, S é condenada a oito anos de reclusão por outro crime; nessa hipótese, não é possível a suspensão condicional da pena. A consequência jurídica disso é a seguinte: a pena restritiva de direitos, que estava sendo cumprida por S, **converte-se** em pena privativa de liberdade, e S deve cumpri-la no prazo que restou, acrescida da condenação posterior pelo outro crime.

b. ocorrer o descumprimento injustificado da restrição imposta. Por exemplo: S se recusa, injustificadamente, a prestar o serviço que lhe foi imposto, descumprindo, portanto, o art. 181, parágrafo 1º, alínea "c", da LEP. A consequência jurídica é que S deverá cumprir o restante da pena recolhida à prisão.

Porém, a conversão também pode ser **favorável**. O art. 180 da LEP prevê a possibilidade de conversão da pena privativa de liberdade, não superior a dois anos, em pena restritiva de direitos, atendidas as seguintes condições:

a. o condenado a esteja cumprindo em regime aberto;
b. tenha sido cumprido pelo menos um quarto da pena;
c. os antecedentes e a personalidade do condenado indiquem ser a conversão recomendável.

Em síntese:

Conversão favorável ⟶	Art. 180 da LEP
Depósito ou registro ⟶	Art. 44, §§ 4º e 5º do CP

A seguir, trataremos dos princípios e da resolução de problemas quando ocorrem dois ou mais crimes praticados pelo mesmo autor.

8.7 Concurso de crimes

A teoria do concurso de crimes visa solucionar a questão da aplicação da pena mais justa na hipótese de o agente ter praticado dois ou mais delitos.

■ Concurso material ou real (homogêneo e heterogêneo)

Há concurso material quando o agente, mediante mais de uma ação ou omissão, pratica dois ou mais crimes, idênticos ou não (CP, art. 69).

O concurso material é **homogêneo** quando os crimes são da mesma natureza. Assim ocorre se F mata C na segunda-feira e, na terça-feira, mata A. Há duas ações e dois crimes idênticos: homicídio.

Por outro lado, o concurso material é **heterogêneo** quando os crimes cometidos são diversos: A furta a caneta de ouro de C e quebra o dedo de D, por vingança. Os delitos são distintos: furto e lesão corporal dolosa.

A consequência jurídica dessas duas espécies de concurso é o somatório das penas (CP, art. 69).

Concurso formal (ideal)

Há concurso formal ou ideal quando o agente, mediante uma só ação ou omissão, pratica dois ou mais crimes, idênticos ou não (CP, art. 70).

O concurso formal pode ser perfeito (próprio) ou imperfeito (impróprio).

No **concurso formal perfeito**, há uma unidade de desígnio (propósito) por parte do agente, que atua com infração ao dever de cautela (culpa) ou com dolo e, neste último caso, pretende realizar apenas um tipo penal, mas acaba realizando dois ou mais tipos penais. Por exemplo: A atira contra D, sua inimiga, desejando causar-lhe lesão corporal, mas o projétil atravessa o corpo de D e, além de matá-la, atinge mortalmente as amigas de A, C e S.

A consequência jurídica do concurso formal perfeito é que se aplica a pena mais grave (lesão corporal seguida de morte – CP, art. 129, § 3º), aumentada de um sexto até a metade. Se as penas forem iguais – por exemplo: dirigir de forma imprudente e colidir contra um ônibus, causando a morte de 30 pessoas –, aplica-se somente uma delas: homicídio culposo praticado na direção de veículo automotor – art. 302 da Lei n. 9.503, de 23 de setembro de 1997 (Brasil, 1997), que comina pena de dois a quatro anos, também aumentada de um sexto até a metade.

No **concurso formal imperfeito**, a ação ou omissão é dolosa, e os crimes concorrentes resultam de propósitos ou desígnios autônomos.

Por exemplo: durante a Guerra Civil norte-americana, Cole Younger, integrante da quadrilha de Jesse James, determinou que dez soldados inimigos (nortistas) fizessem uma fila para que ele pudesse testar o poder de perfuração do seu fuzil. Atirou contra o primeiro da fila, na expectativa de que os dez soldados fossem mortos. Contudo, após o disparo, apenas três soldados morreram.

A consequência jurídica que daí decorre é que Younger praticou uma ação e realizou três homicídios consumados e sete tentativas de homicídio. As penas seriam somadas, como se fosse um concurso material.

Crime continuado

Como estabelece o art. 71 do CP, ocorre crime continuado "quando o agente, mediante mais de uma ação ou omissão, pratica dois ou mais crimes da mesma espécie e, pelas condições de tempo, lugar, maneira de execução e outras semelhantes, devem os subsequentes ser havidos como continuação do primeiro" (Brasil, 1940). Por exemplo: em uma segunda-feira, A furta um supermercado e, na sexta-feira, furta outro supermercado no mesmo bairro. Na semana seguinte, A furta uma loja de carros no bairro vizinho. Note que existem conexões de lugar, de maneira de execução e outras semelhantes, que indicam a necessidade de aplicação de uma pena com um critério mais adequado do que a simples soma das penas.

Teorias sobre a natureza do crime continuado

Existem basicamente três hipóteses que fundamentam o crime continuado. Elas procuram explicar o motivo da existência do instituto, conforme veremos a seguir.

1. **Unidade real** – As ações criminosas reiteradas constituem um único delito.
2. **Ficção jurídica** – O crime continuado se constitui em uma criação jurídica; é a teoria adotada pelo Código Penal brasileiro.
3. **Unidade jurídica ou mista** – É realidade jurídica dirigida a objetivos de aplicação de uma pena mais moderada.

A seguir, vejamos as teorias sobre a estrutura ou característica do crime continuado.

Teorias sobre a caracterização do crime continuado

Destacamos três teorias que caracterizam o crime continuado, a saber:
1. **Teoria subjetiva** – O agente tem apenas um propósito para a prática do delito.
2. **Teoria objetivo-subjetiva** – Além de um mesmo propósito, acrescenta requisitos objetivos.
3. **Teoria objetiva** – Não leva em conta os aspectos psíquicos (subjetivos), mas somente critérios objetivos, como no caso de tipos da mesma espécie praticados em condições semelhantes. Essa é a teoria adotada pelo Código Penal, pois o art. 71 somente estabeleceu requisitos objetivos.

Adiante, veremos a classificação do crime continuado.

Classificação do crime continuado

O crime continuado é classificado em comum e específico.

Crime continuado comum

Está previsto no art. 71, *caput*, do Código Penal:
a. É composto por duas ou mais ações criminosas. Por exemplo, três crimes de dano.

b. É composto por crimes da mesma espécie, ou seja, que ofendem o mesmo bem jurídico. Por exemplo, patrimônio.

c. As circunstâncias são semelhantes (condições de tempo, lugar, maneira de execução e outras), como no caso de crimes ocorridos em um período de seis meses, no mesmo bairro, praticados com entrada pela janela.

A consequência jurídica do crime continuado comum é que se aplica a pena de apenas um dos crimes, se idênticas, ou a mais grave, se diversas, aumentada, em qualquer caso, de um sexto a dois terços.

■ Crime continuado específico

Está previsto no art. 71, parágrafo único, do Código Penal e tem os requisitos do crime continuado comum, além dos seguintes:

a. para crimes dolosos;
b. com duas ou mais vítimas;
c. com emprego de violência ou grave ameaça à pessoa.

Como exemplo, podemos citar o caso de cinco homicídios praticados mediante o emprego de faca.

A consequência jurídica do crime continuado específico é que poderá o juiz, considerando a culpabilidade, os antecedentes, a conduta social e a personalidade do agente, bem como os motivos e as circunstâncias, aumentar até o triplo a pena de apenas um dos crimes, se idênticas, ou aplicar a mais grave, se diversas.

IX

Medidas de segurança

As **pessoas com deficiências mentais** que praticam injustos penais (ações típicas e antijurídicas) devem ser ou **submetidas a tratamento ambulatorial** ou, em casos de delitos mais graves, **internadas para tratamento e isoladas temporariamente da sociedade**, tanto para se proteger a sociedade do agente quanto para proteger o agente da sociedade, que pode querer se vingar da agressão.

Assim, a **medida de segurança** está vinculada à prática de uma ação típica e antijurídica, na qual o agente foi absolvido por ser constatada nele uma deficiência mental. Conforme determina o Código Penal, em seu art. 26, o agente que, por deficiência mental ou desenvolvimento mental incompleto ou retardado, era, ao tempo da ação ou omissão, completamente incapaz de entender o caráter ilícito do fato ou de se determinar de acordo com esse entendimento, é **inimputável** (Brasil, 1940).

Conforme mencionamos ao tratar da culpabilidade, o critério para constatação da deficiência mental é o **biopsicológico**. O juiz, ao reconhecer a completa inimputabilidade do agente que praticou uma ação típica e antijurídica, absolve-o e determina a aplicação da medida de segurança. Desde já, é importante reiterarmos que a medida de segurança depende da **legalidade**, isto é, não é possível aplicar a medida de segurança se não houver um injusto penal (ação típica e antijurídica).

Contudo, no caso de **semi-imputabilidade**, isto é, se era apenas reduzido o discernimento do agente, portador de deficiência mental, a pena é reduzida de um a dois terços (CP, art. 26, parágrafo único) ou então o juiz decidirá pela aplicação da medida de segurança. Esse sistema de conversão da pena do semi-imputável em medida de segurança denomina-se *vicariante*. O sistema da nossa legislação anterior era oposto: era denominado de *duplo-binário* ("dois trilhos"), pois era possível a aplicação de pena e de medida de segurança sucessivamente.

9.1 Prazo de aplicação da medida de segurança

Conforme determinam os arts. 96 e 97 do Código Penal, a medida de segurança acarreta a internação da pessoa em hospital psiquiátrico ou outro estabelecimento adequado, pelo prazo mínimo de um a três anos. Tem-se como base a **periculosidade do agente** e, por isso mesmo, a medida pode ser prorrogada anualmente, após análise estimativa de sua condição psicológica. Se os peritos constatarem que a periculosidade se mantém, prorroga-se a internação por mais um ano. Há entendimento no sentido de que a medida de segurança não pode ultrapassar o tempo de pena máxima no Brasil, ou seja, 30 anos.

considerações finais

Caro leitor, esperamos que você tenha aproveitado ao máximo a leitura desta obra básica, mas também crítica, relacionada ao crime e às suas consequências na sociedade.

Ficaremos honrados de receber suas sugestões para melhoramentos ou outras ideias no *e-mail*: carbac@uol.com.br

Até breve!

ANITUA, G. I. *História dos pensamentos criminológicos*. Rio de Janeiro: Revan; Instituto Carioca de Criminologia, 2008.

BACILA, C. R. A população deixou de acreditar na polícia e de levar informação a ela. *Gazeta do Povo*, Curitiba, 19 nov. 2007. Entrevista concedida a Lilian Chaves. Disponível em: <http://www.gazetadopovo.com.br/vida-e-cidadania/a-populacao-deixou-de-acreditar-na-policia-e-de-levar-informacao-a-ela-aqbpbv2gdt5k44cqgqz9v70we>. Acesso em: 6 abr. 2016.

_____. *A vida de Dale Carnegie e sua filosofia de sucesso*. 2. ed. Curitiba: Belton, 2015a.

_____. *Criminologia e estigmas*: um estudo sobre os preconceitos. 4. ed. São Paulo: Atlas, 2015b.

_____. *Nos bastidores da sala de aula*. Curitiba: InterSaberes, 2014.

_____. *Síntese de direito penal*. 3. ed. Curitiba: JM, 2001.

_____. *Teoria da imputação objetiva no direito penal*. Curitiba: Juruá, 2011.

BACILA, C. R.; RANGEL, P. *Comentários penais e processuais penais à Lei de Drogas*. 3. ed. São Paulo: Atlas, 2015.

BECCARIA, C. *Dos delitos e das penas*. São Paulo: M. Claret, 2000.

BECKER, H. *Outsiders*: Studies in the Sociology of Deviance. 21. ed. New York: MacMillan, 1973.

_____. *Outsiders*: estudos de sociologia do desvio. Rio de Janeiro: Zahar, 2009.

BISSOLI FILHO, F. *Linguagem e criminalização*: a constitutividade da sentença penal condenatória. Curitiba: Juruá, 2011.

BRASIL. Constituição (1988). *Diário Oficial da União*, Brasília, DF, 5 out. 1988. Disponível em: <http://www.planalto.gov.br/ccivil_03/constituicao/ConstituicaoCompilado.htm>. Acesso em: 21 abr. 2016.

_____. Decreto-Lei n. 2.848, de 7 de dezembro de 1940. *Diário Oficial [da] República dos Estados Unidos do Brasil*, Rio de Janeiro, 31 dez. 1940. Disponível em: <http://www.planalto.gov.br/ccivil_03/decreto-lei/Del2848.htm>. Acesso em: 21 abr. 2016.

_____. Decreto-Lei n. 3.689, de 3 de outubro de 1941. *Diário Oficial [da] República dos Estados Unidos do Brasil*, Rio de Janeiro, 13 out. 1941. Disponível em: <http://www.planalto.gov.br/ccivil_03/decreto-lei/Del3689.htm>. Acesso em: 21 abr. 2016.

_____. Lei de 16 de dezembro de 1830. *CLBR*, Rio de Janeiro, 1830. Disponível em: <http://www.planalto.gov.br/ccivil_03/leis/LIM/LIM-16-12-1830.htm>. Acesso em: 13 mar. 2016.

_____. Lei n. 7.170, de 14 de dezembro de 1983. *Diário Oficial da União*, Poder Legislativo, Brasília, DF, 15 dez. 1983. Disponível em: <http://www.planalto.gov.br/ccivil_03/leis/l7170.htm>. Acesso em: 17 jun. 2016.

_____. Lei n. 7.210, de 11 de julho de 1984. *Diário Oficial da União*, Poder Executivo, Brasília, DF, 13 jul. 1984. Disponível em: <http://www.planalto.gov.br/ccivil_03/LEIS/L7210.htm>. Acesso em: 5 fev. 2016.

_____. Lei n. 7.960, de 21 de dezembro de 1989. *Diário Oficial da União*, Poder Executivo, Brasília, DF, 22 dez. 1989. Disponível em: <http://www.planalto.gov.br/ccivil_03/leis/L7960.htm>. Acesso em: 7 abr. 2016.

_____. Lei n. 8.069, de 13 de julho de 1990. Diário Oficial da União, Poder Legislativo, Brasília, DF, 16 jul. 1990a. Disponível em: <http://www.planalto.gov.br/ccivil_03/leis/L8069.htm>. Acesso em: 17 jun. 2016.

BRASIL. Lei n. 8.072, de 25 de julho de 1990. *Diário Oficial da União*, Poder Legislativo, Brasília, DF, 26 jul. 1990b. Disponível em: <http://www.planalto.gov.br/ccivil_03/leis/L8072.htm>. Acesso em: 13 mar. 2016.

_____. Lei n. 8.137, de 27 de dezembro de 1990. *Diário Oficial da União*, Poder Executivo, Brasília, DF, 28 dez. 1990c. Disponível em: <http://www.planalto.gov.br/ccivil_03/leis/L8137.htm>. Acesso em: 17 jun. 2016.

_____. Lei n. 8.429, de 2 de junho de 1992. Diário Oficial da União, Poder Executivo, Brasília, DF, 3 jun. 1992. Disponível em: <http://www.planalto.gov.br/ccivil_03/Leis/L8429.htm>. Acesso em: 17 jun. 2016.

_____. Lei n. 8.666, de 21 de junho de 1993. *Diário Oficial da União*, Poder Legislativo, Brasília, DF, 22 jun. 1993. Disponível em: <http://www.planalto.gov.br/ccivil_03/leis/L8666cons.htm>. Acesso em: 7 abr. 2016.

_____. Lei n. 9.503, de 23 de setembro de 1997. *Diário Oficial da União*, Poder Legislativo, Brasília, DF, 24 set. 1997. Disponível em: <http://www.planalto.gov.br/ccivil_03/LEIS/L9503.htm>. Acesso em: 5 fev. 2016.

_____. Lei n. 9.613, de 3 de março de 1998. *Diário Oficial da União*, Poder Legislativo, Brasília, DF, 4 mar. 1998a. Disponível em: <http://www.planalto.gov.br/ccivil_03/leis/L9613.htm>. Acesso em: 4 fev. 2016.

_____. Lei n. 10.406, de 10 de janeiro de 2002. *Diário Oficial da União*, Poder Legislativo, Brasília, DF, 11 jan. 2002. Disponível em: <http://www.planalto.gov.br/ccivil_03/leis/2002/L10406.htm>. Acesso em: 5 fev. 2016.

_____. Lei n. 10.826, de 22 de dezembro de 2003. *Diário Oficial da União*, Poder Legislativo, Brasília, DF, 23 dez. 2003. Disponível em: <http://www.planalto.gov.br/ccivil_03/Leis/2003/L10.826.htm>. Acesso em: 17 jun. 2016.

_____. Lei n. 11.343, de 23 de agosto de 2006. *Diário Oficial da União*, Poder Legislativo, Brasília, DF, 24 ago. 2006. Disponível em: <http://www.planalto.gov.br/ccivil_03/_ato2004-2006/2006/lei/l11343.htm>. Acesso em: 13 mar. 2016.

BRASIL. Lei n. 12.683, de 9 de julho de 2012. *Diário Oficial da União*, Poder Legislativo, Brasília, DF, 10 jul. 2012. Disponível em: <http://www.planalto.gov.br/ccivil_03/_ato2011-2014/2012/lei/l12683.htm>. Acesso em: 17 jun. 2016.

_____. Lei n. 12.850, de 2 de agosto de 2013. *Diário Oficial da União*, Poder Legislativo, Brasília, DF, 5 ago. 2013. Disponível em: <http://www.planalto.gov.br/ccivil_03/_ato2011-2014/2013/lei/l12850.htm>. Acesso em: 4 fev. 2016.

BRASIL. Ministério da Saúde. Portaria n. 344, de 12 de maio de 1998. *Diário Oficial da União*, Brasília, DF, republicação 31 dez. 1998b. Disponível em: <http://www.anvisa.gov.br/hotsite/talidomida/legis/Portaria_344_98.pdf>. Acesso em: 17 jun. 2016.

BUSATO, P. C. *Direito penal*. 2. ed. São Paulo: Atlas, 2015. Parte geral.

CARRARA, F. *Programa do curso de direito criminal*. São Paulo: Saraiva, 1956. Parte geral.

CARVALHO, A. B. de; CARVALHO, S. de. *Aplicação da pena e garantismo*. 2. ed. Rio de Janeiro: Lumen Juris, 2002.

CARVALHO, S. de. *Antimanual de criminologia*. 2. ed. São Paulo: Lumen Juris, 2008.

_____. _____. 5. ed. São Paulo: Saraiva, 2013.

_____. Videoconferência. In: COUTINHO, J. N. de M. (Coord.). *Canotilho e a constituição dirigente*. Rio de Janeiro: Renovar, 2003. 2ª parte – mesa redonda (síntese).

CASTRO, L. A. de. *Criminologia da reação social*. Rio de Janeiro: Forense, 1983.

CHAPMAN, D. *Sociology and the Stereotype of the Criminal*. London: Tavistock, 1968.

CONDE, F. M.; HASSEMER, W. *Introdução à criminologia*. Rio de Janeiro: Lumen Juris, 2008.

COSSIO, C. *La teoría egológica del derecho y el concepto jurídico de libertad*. 2. ed. Buenos Aires: Abeledo-Perrot, 1964.

_____. *Radiografía de la teoría egológica del derecho*. Buenos Aires: Depalma, 1987.

COUTINHO, A. R. *Invalidade processual*: um estudo para o processo do trabalho. Rio de Janeiro: Renovar, 2000.

DIAS, J. de F.; ANDRADE, M. da C. da. *Criminologia*: o homem delinquente e a sociedade criminógena. Coimbra: Coimbra, 2013.

DINIZ, M. H. *Norma constitucional e seus efeitos.* 2. ed. São Paulo: Saraiva, 1992.

DURKHEIM, E. *As regras do método sociológico.* São Paulo: M. Claret, 2001.

ELBERT, C. A. *Manual básico de criminologia.* Porto Alegre: Ricardo Lenz, 2003.

FERREIRA, A. B. de H. *Novo dicionário da língua portuguesa.* 2. ed. Rio de Janeiro: Nova Fronteira, 1986.

FERRI, E. *Defesas penais e estudos de jurisprudência.* Campinas: Bookseller, 2002.

FIERRO, G. J. La creciente legislación penal y los discursos de emergencia. In: VILLELA, R. (Ed.). *Teorías actuales en el derecho penal.* Buenos Aires: Ad Hoc, 1998. p. 621-628.

FOLTER, R. S. Sobre la fundamentación metodológica del enfoque abolicionista del sistema de justicia penal: una comparación de las ideas de Hulsman, Mathiesen y Foucault. In: SCHEERER; S. et al. *Abolicionismo penal.* Buenos Aires: Ediar, 1989. p. 57-86.

GAMA, G. C. N. da; GOMES, A. F. *Temas de direito penal e processo penal:* em especial na Justiça Federal. Rio de Janeiro: Renovar, 1999.

GARCIA, B. *Instituições de direito penal.* 4. ed. São Paulo: Max Limonad, 1972. v. 1. Tomo 1.

GOFFMAN, E. *Manicômios, prisões e conventos.* 6. ed. São Paulo: Perspectiva, 1999.

GOULART, J. E. *Princípios informadores do direito da execução penal.* São Paulo: Revista dos Tribunais, 1994.

GRISPIGNI, F. *Corso di diritto penale secondo Il nuovo codice.* Padova: Cedam, 1931. v. 1: Introduzione.

HASSEMER, W. *Crítica del derecho penal de hoy.* Bogotá: Universidad Externado de Colombia, 1998.

JAKOBS, G. *Derecho penal:* fundamentos y teoría de la imputación. Madrid: Marcial Pons, 1995. Parte general.

KAUFMANN, A. *Teoria da norma jurídica.* Rio de Janeiro: Rio, 1976.

KELLING, G. L.; WILSON, J. Q. Broken Windows: The police and neighborhood safety. *The Atlantic*, i. Mar. 1982. Disponível em: <http://www.theatlantic.com/magazine/archive/1982/03/broken-windows/304465>. Acesso em: 14 set. 2016.

KELSEN, H. *Teoria geral do direito e do Estado*. 2. ed. São Paulo: M. Fontes, 1995.

KUEHNE, M. et. al. *Lei dos juizados especiais criminais*. Curitiba: Juruá, 1996.

LEA, J.; MATTHEWS, R.; YOUNG, J. El Estado y el control del delito: enfoques relativos a la actividad diversificada de sus agencias. In: BERGALLI, R. (Coord.). *Sistema penal e intervenciones sociales*: algunas experiencias en Europa. Barcelona: Hacer, 1993. p. 17-62.

LLOYD, D. *A ideia de lei*. São Paulo: M. Fontes, 1985.

LOMBROSO, C. *O homem delinquente*. Porto Alegre: Ricardo Lenz, 2001.

MACHADO, L. A. *Direito criminal*. São Paulo: Revista dos Tribunais, 1987. Parte geral.

MACHADO NETO, A. L. *Compêndio de introdução à ciência do direito*. 5. ed. São Paulo: Saraiva, 1984.

MAURACH, R. *Tratado de derecho penal*. Barcelona: Ariel, 1962.

MONTORO, A. F. *Introdução à ciência do direito*. 22. ed. São Paulo: Revista dos Tribunais, 1994.

PALAZZO, F. C. *Valores constitucionais e direito penal*: um estudo comparado. Porto Alegre: Sergio Antonio Fabris, 1989.

PEREIRA, C. M. da S. *Instituições de direito civil*. 12. ed. Rio de Janeiro: Forense, 1995. v. IV.

PONTES DE MIRANDA, F. C. *Introdução à sociologia geral*. 2. ed. Rio de Janeiro: Forense, 1980.

PRADO, G. L. M. Videoconferência. In: COUTINHO, J. N. de M. (Coord.). *Canotilho e a constituição dirigente*. Rio de Janeiro: Renovar, 2003. 2ª parte – mesa redonda (síntese).

RANGEL, P. *Direito processual penal*. 21. ed. São Paulo: Atlas, 2013.

REALE JÚNIOR, M. *Direito penal aplicado*. São Paulo: Revista dos Tribunais, 1992. v. 2.

RODRIGUES, C. *Teorias da culpabilidade*. Rio de Janeiro: Lumen Juris, 2004.

ROXIN, C. *Derecho penal*. Madrid: Civitas, 1997. Parte general. Tomo I: Fundamentos. La estructura del delito.

SOUZA NETTO, J. L. de. *Lavagem de dinheiro*: comentários à Lei 9.613/98. Curitiba: Juruá, 1999.

SUTHERLAND, E. H. *Princípios de criminologia*. São Paulo: Livraria Martins, 1949.

_____. White Collar Criminality. *American Sociological Review*, Indiana, February, v. 5, n. 1, p. 1-12, 1940.

TAVARES, J. La creciente legislación penal y los discursos de emergencia. In: VILLELA, R. (Ed.). *Teorías actuales en el derecho penal*. Buenos Aires: Ad Hoc, 1998. p. 629-640.

TELES, N. M. *Direito penal*. São Paulo: Atlas, 2004. Parte geral.

VON BELING, E. *Esquema de derecho penal*. Buenos Aires: Depalma, 1944.

VON LISZT, F. *Tratado de direito penal alemão*. Rio de Janeiro: F. Briguiet, 1899. Tomo I.

WELZEL, H. *Derecho penal*. Buenos Aires: Depalma, 1956.

ZAFFARONI, E. R. *Em busca das penas perdidas*: a perda da legitimidade do sistema penal. Rio de Janeiro: Revan, 1991.

_____. La creciente legislación penal y los discursos de emergencia: a modo de sumario. In: VILLELA, R. (Ed.). *Teorías actuales en el derecho penal*. Buenos Aires: Ad Hoc, 1998. p. 613-620.

_____. *Manual de derecho penal*. 6. ed. Buenos Aires: Ediar, 1988. Parte general.

Carlos Roberto Bacila é bacharel, especialista, mestre e doutor em Direito pela Universidade Federal do Paraná (UFPR). Atua como docente da UFPR e delegado da Polícia Federal. É também autor dos seguintes livros: *Polícia x direitos humanos: diligências policiais de urgência e direitos humanos – o paradigma da legalidade* (2002); *Teoria da imputação objetiva no direito penal* (2011); *Nos bastidores da sala de aula* (2014); *Vade Mecum Concurso Delegado Federal* (2014); *A vida de Dale Carnegie e sua filosofia de sucesso* (2015); *Criminologia e estigmas: um estudo sobre os preconceitos* (2015); *Comentários penais e processuais penais à Lei de Drogas*, em coautoria com Paulo Rangel (2015).

Os papéis utilizados neste livro, certificados por instituições ambientais competentes, são recicláveis, provenientes de fontes renováveis e, portanto, um meio **responsável** e natural de informação e conhecimento.

FSC
www.fsc.org
MISTO
Papel | Apoiando o manejo florestal responsável
FSC® C103535

Impressão: Reproset
Julho/2023